TRANZLATY

La Langue est pour tout le Monde

Η γλώσσα είναι για όλους

Le Manifeste Communiste

Το Κομμουνιστικό Μανιφέστο

Karl Marx
&
Friedrich Engels

Français / Ελληνικά

Copyright © 2025 Tranzlaty
All rights reserved.
Published by Tranzlaty
ISBN: 978-1-80572-384-4
Original text by Karl Marx and Friedrich Engels
The Communist Manifesto
First published in 1848
www.tranzlaty.com

Introduction
Εισαγωγή

Un spectre hante l'Europe : le spectre du communisme
Ένα φάντασμα στοιχειώνει την Ευρώπη – το φάντασμα του κομμουνισμού

Toutes les puissances de la vieille Europe ont conclu une sainte alliance pour exorciser ce spectre
Όλες οι Δυνάμεις της παλιάς Ευρώπης έχουν συνάψει μια ιερή συμμαχία για να ξορκίσουν αυτό το φάντασμα

Le pape et le tsar, Metternich et Guizot, les radicaux français et les espions de la police allemande
Πάπας και τσάρος, Μέτερνιχ και Γκιζό, Γάλλοι ριζοσπάστες και Γερμανοί αστυνομικοί-κατάσκοποι

Où est le parti dans l'opposition qui n'a pas été décrié comme communiste par ses adversaires au pouvoir ?
Πού είναι το κόμμα της αντιπολίτευσης που δεν έχει επικριθεί ως κομμουνιστικό από τους αντιπάλους του στην εξουσία;

Où est l'opposition qui n'a pas rejeté le reproche de marque du communisme contre les partis d'opposition les plus avancés ?
Πού είναι η αντιπολίτευση που δεν έχει ρίξει πίσω τη μομφή του κομμουνισμού, ενάντια στα πιο προηγμένα κόμματα της αντιπολίτευσης;

Et où est le parti qui n'a pas porté l'accusation contre ses adversaires réactionnaires ?
Και πού είναι το κόμμα που δεν έχει κάνει την κατηγορία εναντίον των αντιδραστικών αντιπάλων του;

Deux choses résultent de ce fait
Δύο πράγματα προκύπτουν από αυτό το γεγονός

I. Le communisme est déjà reconnu par toutes les puissances européennes comme étant lui-même une puissance
Ι. Ο κομμουνισμός αναγνωρίζεται ήδη από όλες τις ευρωπαϊκές δυνάμεις ως ο ίδιος μια δύναμη

II. Il est grand temps que les communistes publient ouvertement, à la face du monde entier, leurs vues, leurs buts et leurs tendances

II. Είναι καιρός οι κομμουνιστές να δημοσιεύσουν ανοιχτά, ενώπιον όλου του κόσμου, τις απόψεις, τους στόχους και τις τάσεις τους

ils doivent répondre à ce conte enfantin du spectre du communisme par un manifeste du parti lui-même

Πρέπει να συναντήσουν αυτό το παιδικό παραμύθι του Φαντάσματος του Κομμουνισμού με ένα Μανιφέστο του ίδιου του κόμματος

À cette fin, des communistes de diverses nationalités se sont réunis à Londres et ont esquissé le manifeste suivant

Για το σκοπό αυτό, κομμουνιστές διαφόρων εθνικοτήτων συγκεντρώθηκαν στο Λονδίνο και σχεδίασαν το ακόλουθο Μανιφέστο

ce manifeste sera publié en anglais, français, allemand, italien, flamand et danois

Το παρόν μανιφέστο πρόκειται να δημοσιευθεί στην αγγλική, γαλλική, γερμανική, ιταλική, φλαμανδική και δανική γλώσσα

Et maintenant, il doit être publié dans toutes les langues proposées par Tranzlaty

Και τώρα πρόκειται να δημοσιευθεί σε όλες τις γλώσσες που προσφέρει το Tranzlaty

Les bourgeois et les prolétaires
Αστοί και προλετάριοι

L'histoire de toutes les sociétés qui ont existé jusqu'à présent est l'histoire des luttes de classes

Η ιστορία όλων των μέχρι τώρα υπαρχουσών κοινωνιών είναι η ιστορία των ταξικών αγώνων

Homme libre et esclave, patricien et plébéien, seigneur et serf, maître de guilde et compagnon

Ελεύθερος και δούλος, πατρίκιος και πληβείος, άρχοντας και δουλοπάροικος, αφέντης συντεχνίας και τεχνίτης

en un mot, oppresseur et opprimé

Με μια λέξη, καταπιεστής και καταπιεσμένος

Ces classes sociales étaient en opposition constante les unes avec les autres

Αυτές οι κοινωνικές τάξεις βρίσκονταν σε συνεχή αντίθεση η μία με την άλλη

Ils se sont battus sans interruption. Maintenant caché, maintenant ouvert

Συνέχισαν έναν αδιάκοπο αγώνα. Τώρα κρυμμένο, τώρα ανοιχτό

un combat qui s'est terminé par une reconstitution révolutionnaire de la société dans son ensemble

Ένας αγώνας που είτε κατέληξε σε μια επαναστατική ανασύσταση της κοινωνίας στο σύνολό της

ou un combat qui s'est terminé par la ruine commune des classes en lutte

ή μια μάχη που κατέληξε στην κοινή καταστροφή των αντιμαχόμενων τάξεων

Jetons un coup d'œil aux époques antérieures de l'histoire

Ας κοιτάξουμε πίσω στις προηγούμενες εποχές της ιστορίας

Nous trouvons presque partout un arrangement compliqué de la société en divers ordres

Βρίσκουμε σχεδόν παντού μια περίπλοκη διάταξη της κοινωνίας σε διάφορες τάξεις

Il y a toujours eu une gradation multiple du rang social

Υπήρχε πάντα μια πολλαπλή διαβάθμιση της κοινωνικής τάξης

Dans la Rome antique, nous avons des patriciens, des chevaliers, des plébéiens, des esclaves

Στην αρχαία Ρώμη έχουμε πατρίκιους, ιππότες, πληβείους, σκλάβους

au Moyen Âge : seigneurs féodaux, vassaux, maîtres de corporation, compagnons, apprentis, serfs

στον Μεσαίωνα: φεουδάρχες, υποτελείς, συντεχνίες-αφέντες, τεχνίτες, μαθητευόμενοι, δουλοπάροικοι

Dans presque toutes ces classes, encore une fois, les gradations subordonnées

Σε όλες σχεδόν αυτές τις τάξεις, πάλι, δευτερεύουσες διαβαθμίσεις

La société bourgeoise moderne est née des ruines de la société féodale

Η σύγχρονη αστική κοινωνία έχει ξεπηδήσει από τα ερείπια της φεουδαρχικής κοινωνίας

Mais ce nouvel ordre social n'a pas fait disparaître les antagonismes de classe

Αλλά αυτή η νέα κοινωνική τάξη δεν έχει εξαλείψει τους ταξικούς ανταγωνισμούς

Elle n'a fait qu'établir de nouvelles classes et de nouvelles conditions d'oppression

Δεν έχει παρά εγκαθιδρύσει νέες τάξεις και νέες συνθήκες καταπίεσης

Il a mis en place de nouvelles formes de lutte à la place des anciennes

Έχει καθιερώσει νέες μορφές πάλης στη θέση των παλιών

Cependant, l'époque dans laquelle nous nous trouvons possède un trait distinctif

Ωστόσο, η εποχή στην οποία βρισκόμαστε διαθέτει ένα χαρακτηριστικό γνώρισμα

l'époque de la bourgeoisie a simplifié les antagonismes de classe

Η εποχή της αστικής τάξης απλοποίησε τους ταξικούς ανταγωνισμούς

La société dans son ensemble se divise de plus en plus en deux grands camps hostiles

Η κοινωνία στο σύνολό της διαιρείται όλο και περισσότερο σε δύο μεγάλα εχθρικά στρατόπεδα

deux grandes classes sociales qui se font directement face : la bourgeoisie et le prolétariat

δύο μεγάλες κοινωνικές τάξεις άμεσα αντιμέτωπες: η αστική τάξη και το προλεταριάτο

Des serfs du Moyen Âge sont sortis les bourgeois agréés des premières villes

Από τους δουλοπάροικους του Μεσαίωνα ξεπήδησαν οι ναυλωμένοι αστοί των πρώτων πόλεων

C'est à partir de ces bourgeois que se sont développés les premiers éléments de la bourgeoisie

Από αυτά τα burgesses αναπτύχθηκαν τα πρώτα στοιχεία της αστικής τάξης

La découverte de l'Amérique et le contournement du Cap

Η ανακάλυψη της Αμερικής και η στρογγυλοποίηση του ακρωτηρίου

ces événements ont ouvert un nouveau terrain à la bourgeoisie montante

Αυτά τα γεγονότα άνοιξαν νέο έδαφος για την ανερχόμενη αστική τάξη

Les marchés des Indes orientales et de la Chine, la colonisation de l'Amérique, le commerce avec les colonies

Οι αγορές της Ανατολικής Ινδίας και της Κίνας, ο αποικισμός της Αμερικής, το εμπόριο με τις αποικίες

l'augmentation des moyens d'échange et des marchandises en général

Η αύξηση των μέσων ανταλλαγής και γενικά των εμπορευμάτων

Ces événements donnèrent au commerce, à la navigation et à l'industrie une impulsion jamais connue jusque-là

Αυτά τα γεγονότα έδωσαν στο εμπόριο, τη ναυσιπλοΐα και τη βιομηχανία μια ώθηση που δεν ήταν ποτέ πριν γνωστή

Elle a donné un développement rapide à l'élément révolutionnaire dans la société féodale chancelante

Έδωσε γρήγορη ανάπτυξη στο επαναστατικό στοιχείο της παραπαίουσας φεουδαρχικής κοινωνίας

Les guildes fermées avaient monopolisé le système féodal de la production industrielle

Οι κλειστές συντεχνίες είχαν μονοπωλήσει το φεουδαρχικό σύστημα της βιομηχανικής παραγωγής

Mais cela ne suffisait plus aux besoins croissants des nouveaux marchés

Αλλά αυτό δεν αρκούσε πλέον για τις αυξανόμενες ανάγκες των νέων αγορών

Le système manufacturier a pris la place du système féodal de l'industrie

Το σύστημα παραγωγής πήρε τη θέση του φεουδαρχικού συστήματος της βιομηχανίας

Les maîtres de guilde étaient poussés d'un côté par la classe moyenne manufacturière

Οι συντεχνίες-αφέντες ωθήθηκαν από τη μία πλευρά από τη μεσαία τάξη των κατασκευαστών

La division du travail entre les différentes corporations a disparu

Ο καταμερισμός εργασίας μεταξύ των διαφόρων εταιρικών συντεχνιών εξαφανίστηκε

La division du travail s'infiltrait dans chaque atelier

Ο καταμερισμός εργασίας διείσδυσε σε κάθε εργαστήριο

Pendant ce temps, les marchés ne cessaient de croître et la demande ne cessait d'augmenter

Εν τω μεταξύ, οι αγορές συνέχισαν να αυξάνονται συνεχώς και η ζήτηση να αυξάνεται συνεχώς

Même les usines ne suffisaient plus à répondre à la demande

Ακόμη και τα εργοστάσια δεν επαρκούσαν πλέον για να ανταποκριθούν στις απαιτήσεις

À partir de là, la vapeur et les machines ont révolutionné la production industrielle

Στη συνέχεια, ο ατμός και τα μηχανήματα έφεραν επανάσταση στη βιομηχανική παραγωγή

La place de fabrication a été prise par le géant de l'industrie moderne

Ο τόπος κατασκευής ελήφθη από τον γίγαντα, τη σύγχρονη βιομηχανία

La place de la classe moyenne industrielle a été prise par des millionnaires industriels

Τη θέση της βιομηχανικής μεσαίας τάξης πήραν βιομηχανικοί εκατομμυριούχοι

la place de chefs d'armées industrielles entières ont été prises par la bourgeoisie moderne

Τη θέση των ηγετών ολόκληρων βιομηχανικών στρατών πήρε η σύγχρονη αστική τάξη

la découverte de l'Amérique a ouvert la voie à l'industrie moderne pour établir le marché mondial

Η ανακάλυψη της Αμερικής άνοιξε το δρόμο για τη σύγχρονη βιομηχανία να καθιερώσει την παγκόσμια αγορά

Ce marché donna un immense développement au commerce, à la navigation et aux communications par terre

Αυτή η αγορά έδωσε μια τεράστια ανάπτυξη στο εμπόριο, τη ναυσιπλοΐα και την επικοινωνία μέσω ξηράς

Cette évolution a, en son temps, réagi à l'extension de l'industrie

Αυτή η εξέλιξη, στην εποχή της, αντέδρασε στην επέκταση της βιομηχανίας

elle a réagi proportionnellement à l'expansion de l'industrie et à l'extension du commerce, de la navigation et des chemins de fer

Αντέδρασε ανάλογα με τον τρόπο επέκτασης της βιομηχανίας και τον τρόπο επέκτασης του εμπορίου, της ναυσιπλοΐας και των σιδηροδρόμων

dans la même proportion que la bourgeoisie s'est développée, elle a augmenté son capital

στην ίδια αναλογία που αναπτύχθηκε η αστική τάξη, αύξησαν το κεφάλαιό τους

et la bourgeoisie a relégué à l'arrière-plan toutes les classes héritées du Moyen Âge

Και η αστική τάξη έσπρωξε στο παρασκήνιο κάθε τάξη που κληροδότησε από τον Μεσαίωνα

c'est pourquoi la bourgeoisie moderne est elle-même le produit d'un long développement

Επομένως, η σύγχρονη αστική τάξη είναι η ίδια το προϊόν μιας μακράς πορείας ανάπτυξης

On voit qu'il s'agit d'une série de révolutions dans les modes de production et d'échange

Βλέπουμε ότι είναι μια σειρά επαναστάσεων στους τρόπους παραγωγής και ανταλλαγής

Chaque étape du développement de la bourgeoisie s'accompagnait d'une avancée politique correspondante

Κάθε αναπτυξιακό βήμα της αστικής τάξης συνοδευόταν από μια αντίστοιχη πολιτική πρόοδο

Une classe opprimée sous l'emprise de la noblesse féodale

Μια καταπιεσμένη τάξη υπό την κυριαρχία της φεουδαρχικής αριστοκρατίας

Une association armée et autonome dans la commune médiévale

Μια ένοπλη και αυτοδιοικούμενη ένωση στη μεσαιωνική κομμούνα

ici, une république urbaine indépendante (comme en Italie et en Allemagne)

εδώ, μια ανεξάρτητη αστική δημοκρατία (όπως στην Ιταλία και τη Γερμανία)

là, un « tiers état » imposable de la monarchie (comme en France)

εκεί, μια φορολογητέα «τρίτη εξουσία» της μοναρχίας (όπως στη Γαλλία)

par la suite, dans la période de fabrication proprement dite

στη συνέχεια, κατά την περίοδο της κατασκευής καθαυτό

la bourgeoisie servait soit la monarchie semi-féodale, soit la monarchie absolue

Η αστική τάξη υπηρετούσε είτε τη μισοφεουδαρχική είτε την απόλυτη μοναρχία

ou bien la bourgeoisie faisait contrepoids à la noblesse

ή η αστική τάξη ενήργησε ως αντίβαρο ενάντια στην αριστοκρατία

et, en fait, la bourgeoisie était une pierre angulaire des grandes monarchies en général

Και, στην πραγματικότητα, η αστική τάξη ήταν ο ακρογωνιαίος λίθος των μεγάλων μοναρχιών γενικά

mais l'industrie moderne et le marché mondial se sont établis depuis lors

αλλά η σύγχρονη βιομηχανία και η παγκόσμια αγορά καθιερώθηκαν από τότε

et la bourgeoisie s'est emparée de l'emprise politique exclusive

Και η αστική τάξη έχει κατακτήσει για τον εαυτό της την αποκλειστική πολιτική κυριαρχία

elle a obtenu cette influence politique à travers l'État représentatif moderne

πέτυχε αυτή την πολιτική κυριαρχία μέσω του σύγχρονου αντιπροσωπευτικού κράτους

Les exécutifs de l'État moderne ne sont qu'un comité de gestion

Τα εκτελεστικά όργανα του σύγχρονου κράτους δεν είναι παρά μια διαχειριστική επιτροπή

et ils gèrent les affaires communes de toute la bourgeoisie

και διαχειρίζονται τις κοινές υποθέσεις ολόκληρης της αστικής τάξης

La bourgeoisie, historiquement, a joué un rôle des plus révolutionnaires

Η αστική τάξη, ιστορικά, έχει παίξει έναν πιο επαναστατικό ρόλο

Partout où elle a pris le dessus, elle a mis fin à toutes les relations féodales, patriarcales et idylliques

Όπου πήρε το πάνω χέρι, έβαλε τέλος σε όλες τις φεουδαρχικές, πατριαρχικές και ειδυλλιακές σχέσεις

Elle a impitoyablement déchiré les liens féodaux hétéroclites qui liaient l'homme à ses « supérieurs naturels »

Διέλυσε ανελέητα τους ετερόκλητους φεουδαρχικούς δεσμούς που έδεναν τον άνθρωπο με τους «φυσικούς ανωτέρους» του

et il n'y a plus de lien entre l'homme et l'homme, si ce n'est l'intérêt personnel

Και δεν έχει αφήσει κανένα δεσμό μεταξύ ανθρώπου και ανθρώπου, εκτός από το γυμνό προσωπικό συμφέρον

Les relations de l'homme entre eux ne sont plus qu'un « paiement en espèces » impitoyable

Οι σχέσεις του ανθρώπου μεταξύ τους δεν έχουν γίνει τίποτα περισσότερο από ανάλγητες «πληρωμές σε μετρητά»

Elle a noyé les extases les plus célestes de la ferveur religieuse

Έχει πνίξει τις πιο ουράνιες εκστάσεις θρησκευτικού ζήλου

elle a noyé l'enthousiasme chevaleresque et le sentimentalisme philistin

Έχει πνίξει τον ιπποτικό ενθουσιασμό και τον φιλισταϊκό συναισθηματισμό

Il a noyé ces choses dans l'eau glacée du calcul égoïste

Έχει πνίξει αυτά τα πράγματα στο παγωμένο νερό του εγωιστικού υπολογισμού

Il a transformé la valeur personnelle en valeur échangeable

Έχει μετατρέψει την προσωπική αξία σε ανταλλάξιμη αξία

elle a remplacé les innombrables et inaliénables libertés garanties par la Charte

Έχει αντικαταστήσει τις αναρίθμητες και ανέφικτες κατοχυρωμένες ελευθερίες

et il a mis en place une liberté unique et inadmissible ; Libre-échange

Και έχει δημιουργήσει μια ενιαία, παράλογη ελευθερία.
Ελεύθερο εμπόριο
En un mot, il l'a fait pour l'exploitation
Με μια λέξη, το έκανε αυτό για εκμετάλλευση
Une exploitation voilée par des illusions religieuses et politiques
εκμετάλλευση καλυμμένη από θρησκευτικές και πολιτικές αυταπάτες
l'exploitation voilée par une exploitation nue, éhontée, directe, brutale
εκμετάλλευση καλυμμένη με γυμνή, ξεδιάντροπη, άμεση, βάναυση εκμετάλλευση
la bourgeoisie a enlevé l'auréole de toutes les occupations jusque-là honorées et vénérées
Η αστική τάξη έχει απογυμνώσει το φωτοστέφανο από κάθε προηγουμένως τιμημένο και σεβαστό επάγγελμα
le médecin, l'avocat, le prêtre, le poète et l'homme de science
Ο γιατρός, ο δικηγόρος, ο ιερέας, ο ποιητής και ο άνθρωπος της επιστήμης
Il a converti ces travailleurs distingués en ses travailleurs salariés
Έχει μετατρέψει αυτούς τους διακεκριμένους εργάτες σε μισθωτούς εργάτες της
La bourgeoisie a déchiré le voile sentimental de la famille
Η αστική τάξη έχει σκίσει το συναισθηματικό πέπλο μακριά από την οικογένεια
et elle a réduit la relation familiale à une simple relation d'argent
Και έχει μειώσει την οικογενειακή σχέση σε μια απλή χρηματική σχέση
la brutale démonstration de vigueur au Moyen Âge que les réactionnaires admirent tant
η βάναυση επίδειξη σθένους κατά τον Μεσαίωνα που τόσο θαυμάζουν οι αντιδραστικοί
Même cela a trouvé son complément approprié dans l'indolence la plus paresseuse

Ακόμη και αυτό βρήκε το κατάλληλο συμπλήρωμά του στην πιο νωθρή νωθρότητα

La bourgeoisie a révélé comment tout cela s'est passé

Η αστική τάξη έχει αποκαλύψει πώς συνέβησαν όλα αυτά

La bourgeoisie a été la première à montrer ce que l'activité de l'homme peut produire

Η αστική τάξη ήταν η πρώτη που έδειξε τι μπορεί να επιφέρει η δραστηριότητα του ανθρώπου

Il a accompli des merveilles surpassant de loin les pyramides égyptiennes, les aqueducs romains et les cathédrales gothiques

Έχει επιτύχει θαύματα που ξεπερνούν κατά πολύ τις αιγυπτιακές πυραμίδες, τα ρωμαϊκά υδραγωγεία και τους γοτθικούς καθεδρικούς ναούς

et il a mené des expéditions qui ont mis dans l'ombre tous les anciens Exodes des nations et les croisades

και έχει πραγματοποιήσει εκστρατείες που έβαλαν στη σκιά όλες τις προηγούμενες εξόδους εθνών και σταυροφορίες

La bourgeoisie ne peut exister sans révolutionner sans cesse les instruments de production

Η αστική τάξη δεν μπορεί να υπάρξει χωρίς συνεχή επαναστατικοποίηση των μέσων παραγωγής

et par conséquent elle ne peut exister sans ses rapports à la production

Και έτσι δεν μπορεί να υπάρξει χωρίς τις σχέσεις της με την παραγωγή

et donc elle ne peut exister sans ses relations avec la société

Και ως εκ τούτου δεν μπορεί να υπάρξει χωρίς τις σχέσεις της με την κοινωνία

Toutes les classes industrielles antérieures avaient une condition en commun

Όλες οι προηγούμενες βιομηχανικές τάξεις είχαν μια κοινή προϋπόθεση

Ils s'appuyaient sur la conservation des anciens modes de production

Βασίζονταν στη διατήρηση των παλαιών τρόπων
παραγωγής
**mais la bourgeoisie a apporté avec elle une dynamique tout
à fait nouvelle**
αλλά η αστική τάξη έφερε μαζί της μια εντελώς νέα
δυναμική
**Révolution constante de la production et perturbation
ininterrompue de toutes les conditions sociales**
Συνεχής επαναστατικοποίηση της παραγωγής και
αδιάκοπη διατάραξη όλων των κοινωνικών συνθηκών
**cette incertitude et cette agitation perpétuelles distinguent
l'époque bourgeoise de toutes les époques antérieures**
Αυτή η αιώνια αβεβαιότητα και αναταραχή διακρίνει την
εποχή της αστικής τάξης από όλες τις προηγούμενες
**Les relations antérieures avec la production
s'accompagnaient de préjugés et d'opinions anciens et
vénérables**
Οι προηγούμενες σχέσεις με την παραγωγή συνοδεύονταν
από αρχαίες και σεβάσμιες προκαταλήψεις και απόψεις
**Mais toutes ces relations figées et figées sont balayées d'un
revers de main**
Αλλά όλες αυτές οι σταθερές, γρήγορα παγωμένες σχέσεις
σαρώνονται
**Toutes les relations nouvellement formées deviennent
archaïques avant de pouvoir s'ossifier**
Όλες οι νεοσχηματισμένες σχέσεις απαρχαιώνονται πριν
μπορέσουν να αποστεωθούν
**Tout ce qui est solide se fond dans l'air, et tout ce qui est
saint est profané**
Ό,τι είναι στερεό λιώνει στον αέρα και ό,τι είναι άγιο
βεβηλώνεται
**L'homme est enfin forcé de faire face, avec des sens sobres, à
ses conditions réelles de vie**
Ο άνθρωπος είναι επιτέλους υποχρεωμένος να
αντιμετωπίσει με νηφάλιες αισθήσεις τις πραγματικές
συνθήκες της ζωής του

et il est obligé de faire face à ses relations avec les siens

Και είναι υποχρεωμένος να αντιμετωπίσει τις σχέσεις του με το είδος του

La bourgeoisie a constamment besoin d'élargir ses marchés pour ses produits

Η αστική τάξη χρειάζεται συνεχώς να επεκτείνει τις αγορές της για τα προϊόντα της

et, à cause de cela, la bourgeoisie est poursuivie sur toute la surface du globe

Και, εξαιτίας αυτού, η αστική τάξη καταδιώκεται σε όλη την επιφάνεια του πλανήτη

La bourgeoisie doit se nicher partout, s'installer partout, établir des liens partout

Η αστική τάξη πρέπει να φωλιάσει παντού, να εγκατασταθεί παντού, να δημιουργήσει συνδέσεις παντού

La bourgeoisie doit créer des marchés dans tous les coins du monde pour exploiter

Η αστική τάξη πρέπει να δημιουργήσει αγορές σε κάθε γωνιά του κόσμου για εκμετάλλευση

La production et la consommation dans tous les pays ont reçu un caractère cosmopolite

Η παραγωγή και η κατανάλωση σε κάθε χώρα έχει αποκτήσει κοσμοπολίτικο χαρακτήρα

le chagrin des réactionnaires est palpable, mais il s'est poursuivi malgré tout

Η θλίψη των αντιδραστικών είναι αισθητή, αλλά συνεχίστηκε ανεξάρτητα

La bourgeoisie a tiré de dessous les pieds de l'industrie le terrain national sur lequel elle se trouvait

Η αστική τάξη άντλησε κάτω από τα πόδια της βιομηχανίας το εθνικό έδαφος πάνω στο οποίο βρισκόταν

Toutes les anciennes industries nationales ont été détruites, ou sont détruites chaque jour

Όλες οι παλιές εθνικές βιομηχανίες έχουν καταστραφεί ή καταστρέφονται καθημερινά

Toutes les anciennes industries nationales sont délogées par de nouvelles industries

Όλες οι παλαιές εθνικές βιομηχανίες εκτοπίζονται από νέες βιομηχανίες

Leur introduction devient une question de vie ou de mort pour toutes les nations civilisées

Η εισαγωγή τους γίνεται ζήτημα ζωής και θανάτου για όλα τα πολιτισμένα έθνη

Ils sont délogés par les industries qui ne travaillent plus la matière première indigène

εκτοπίζονται από βιομηχανίες που δεν παράγουν πλέον εγχώριες πρώτες ύλες

Au lieu de cela, ces industries extraient des matières premières des zones les plus reculées

Αντ 'αυτού, αυτές οι βιομηχανίες αντλούν πρώτες ύλες από τις πιο απομακρυσμένες ζώνες

dont les produits sont consommés, non seulement chez nous, mais dans tous les coins du monde

βιομηχανίες των οποίων τα προϊόντα καταναλώνονται, όχι μόνο στο σπίτι, αλλά σε κάθε τέταρτο του πλανήτη

À la place des anciens besoins, satisfaits par les productions du pays, nous trouvons de nouveaux besoins

Στη θέση των παλιών επιθυμιών, που ικανοποιούνται από τις παραγωγές της χώρας, βρίσκουμε νέες επιθυμίες

Ces nouveaux besoins exigent pour leur satisfaction les produits des pays et des climats lointains

Αυτές οι νέες επιθυμίες απαιτούν για την ικανοποίησή τους τα προϊόντα μακρινών χωρών και κλιμάτων

À la place de l'ancien isolement et de l'autosuffisance locaux et nationaux, nous avons le commerce

Στη θέση της παλιάς τοπικής και εθνικής απομόνωσης και αυτάρκειας, έχουμε το εμπόριο

les échanges internationaux dans toutes les directions ; l'interdépendance universelle des nations

διεθνείς ανταλλαγές προς κάθε κατεύθυνση. Παγκόσμια αλληλεξάρτηση των εθνών

Et de même que nous sommes dépendants des matériaux, nous sommes dépendants de la production intellectuelle

Και ακριβώς όπως έχουμε εξάρτηση από τα υλικά, έτσι εξαρτόμαστε και από την πνευματική παραγωγή

Les créations intellectuelles des nations individuelles deviennent la propriété commune

Οι πνευματικές δημιουργίες των μεμονωμένων εθνών γίνονται κοινή ιδιοκτησία

L'unilatéralité nationale et l'étroitesse d'esprit deviennent de plus en plus impossibles

Η εθνική μονομέρεια και η στενοκεφαλιά γίνονται όλο και πιο αδύνατες

et des nombreuses littératures nationales et locales, surgit une littérature mondiale

Και από τις πολυάριθμες εθνικές και τοπικές λογοτεχνίες, προκύπτει μια παγκόσμια λογοτεχνία

par l'amélioration rapide de tous les instruments de production

με την ταχεία βελτίωση όλων των μέσων παραγωγής

par les moyens de communication immensément facilités

με τα εξαιρετικά διευκολυνόμενα μέσα επικοινωνίας

La bourgeoisie entraîne tout le monde (même les nations les plus barbares) dans la civilisation

Η αστική τάξη έλκει όλους (ακόμα και τα πιο βάρβαρα έθνη) στον πολιτισμό

Les prix bon marché de ses marchandises ; l'artillerie lourde qui abat toutes les murailles chinoises

Οι φθηνές τιμές των εμπορευμάτων της. το βαρύ πυροβολικό που χτυπά όλα τα κινεζικά τείχη

La haine obstinée des barbares contre les étrangers est forcée de capituler

Το έντονα πεισματικό μίσος των βαρβάρων για τους ξένους αναγκάζεται να συνθηκολογήσει

Elle oblige toutes les nations, sous peine d'extinction, à adopter le mode de production bourgeois

Αναγκάζει όλα τα έθνη, επί ποινή εξαφάνισης, να
υιοθετήσουν τον αστικό τρόπο παραγωγής

elle les oblige à introduire ce qu'elle appelle la civilisation en leur sein

Τους αναγκάζει να εισαγάγουν αυτό που αποκαλεί
πολιτισμό ανάμεσά τους

La bourgeoisie force les barbares à devenir eux-mêmes bourgeois

Η αστική τάξη αναγκάζει τους βαρβάρους να γίνουν οι
ίδιοι αστοί

en un mot, la bourgeoisie crée un monde à son image

Με μια λέξη, η αστική τάξη δημιουργεί έναν κόσμο
σύμφωνα με τη δική της εικόνα

La bourgeoisie a soumis les campagnes à la domination des villes

Η αστική τάξη έχει υποτάξει την ύπαιθρο στην κυριαρχία
των πόλεων

Il a créé d'énormes villes et considérablement augmenté la population urbaine

Δημιούργησε τεράστιες πόλεις και αύξησε σημαντικά τον
αστικό πληθυσμό

Il a sauvé une partie considérable de la population de l'idiotie de la vie rurale

Έσωσε ένα σημαντικό μέρος του πληθυσμού από την
ηλιθιότητα της αγροτικής ζωής

mais elle a rendu les ruraux dépendants des villes

Αλλά έχει κάνει εκείνους στην ύπαιθρο εξαρτημένους από
τις πόλεις

et de même, elle a rendu les pays barbares dépendants des pays civilisés

Και ομοίως, έχει καταστήσει τις βαρβαρικές χώρες
εξαρτημένες από τις πολιτισμένες

nations paysannes sur nations bourgeoises, l'Orient sur Occident

έθνη των αγροτών στα έθνη της αστικής τάξης, η Ανατολή
στη Δύση

La bourgeoisie se débarrasse de plus en plus de l'éparpillement de la population

Η αστική τάξη καταργεί όλο και περισσότερο τη διασκορπισμένη κατάσταση του πληθυσμού

Il a une production agglomérée et a concentré la propriété entre quelques mains

Έχει συσσωματώσει την παραγωγή και έχει συγκεντρώσει την ιδιοκτησία σε λίγα χέρια

La conséquence nécessaire de cela a été la centralisation politique

Η αναγκαία συνέπεια αυτού ήταν ο πολιτικός συγκεντρωτισμός

Il y avait eu des nations indépendantes et des provinces vaguement reliées entre elles

Υπήρχαν ανεξάρτητα έθνη και χαλαρά συνδεδεμένες επαρχίες

Ils avaient des intérêts, des lois, des gouvernements et des systèmes d'imposition distincts

Είχαν ξεχωριστά συμφέροντα, νόμους, κυβερνήσεις και συστήματα φορολογίας

Mais ils ont été regroupés en une seule nation, avec un seul gouvernement

Αλλά έχουν συγκεντρωθεί σε ένα έθνος, με μια κυβέρνηση

Ils ont maintenant un intérêt de classe national, une frontière et un tarif douanier

Τώρα έχουν ένα εθνικό ταξικό συμφέρον, ένα μεθοριακό και ένα δασμολόγιο

Et cet intérêt de classe national est unifié sous un seul code de loi

Και αυτό το εθνικό ταξικό συμφέρον ενοποιείται κάτω από έναν κώδικα δικαίου

la bourgeoisie a accompli beaucoup de choses au cours de son règne d'à peine cent ans

Η αστική τάξη έχει επιτύχει πολλά κατά τη διάρκεια της κυριαρχίας της για μόλις εκατό χρόνια

forces productives plus massives et plus colossales que toutes les générations précédentes réunies

πιο μαζικές και κολοσσιαίες παραγωγικές δυνάμεις από όλες τις προηγούμενες γενιές μαζί

Les forces de la nature sont soumises à la volonté de l'homme et de ses machines

Οι δυνάμεις της φύσης υποτάσσονται στη θέληση του ανθρώπου και των μηχανών του

La chimie s'applique à toutes les formes d'industrie et à tous les types d'agriculture

Η χημεία εφαρμόζεται σε όλες τις μορφές βιομηχανίας και τους τύπους γεωργίας

la navigation à vapeur, les chemins de fer, les télégraphes électriques et l'imprimerie

ατμοπλοΐα, σιδηρόδρομοι, ηλεκτρικοί τηλέγραφοι και τυπογραφείο

défrichement de continents entiers pour la culture, canalisation des rivières

εκκαθάριση ολόκληρων ηπείρων για καλλιέργεια, διοχέτευση ποταμών

Des populations entières ont été extirpées du sol et mises au travail

Ολόκληροι πληθυσμοί έχουν εκδιωχθεί από το έδαφος και έχουν τεθεί σε λειτουργία

Quel siècle précédent avait ne serait-ce qu'un pressentiment de ce qui pourrait être déchaîné ?

Ποιος προηγούμενος αιώνας είχε έστω και ένα προαίσθημα για το τι θα μπορούσε να απελευθερωθεί;

Qui aurait prédit que de telles forces productives sommeillaient dans le giron du travail social ?

Ποιος προέβλεψε ότι τέτοιες παραγωγικές δυνάμεις κοιμόντουσαν στην αγκαλιά της κοινωνικής εργασίας;

Nous voyons donc que les moyens de production et d'échange ont été générés dans la société féodale

Βλέπουμε λοιπόν ότι τα μέσα παραγωγής και ανταλλαγής δημιουργήθηκαν στη φεουδαρχική κοινωνία

les moyens de production sur la base desquels la bourgeoisie s'est construite

τα μέσα παραγωγής πάνω στα θεμέλια των οποίων οικοδομήθηκε η αστική τάξη·

À un certain stade du développement de ces moyens de production et d'échange

Σε ένα ορισμένο στάδιο της ανάπτυξης αυτών των μέσων παραγωγής και ανταλλαγής

les conditions dans lesquelles la société féodale produisait et échangeait

τις συνθήκες υπό τις οποίες η φεουδαρχική κοινωνία παρήγαγε και αντάλλασσε·

L'organisation féodale de l'agriculture et de l'industrie manufacturière

Η φεουδαρχική οργάνωση της γεωργίας και της μεταποιητικής βιομηχανίας

Les rapports féodaux de propriété n'étaient plus compatibles avec les conditions matérielles

Οι φεουδαρχικές σχέσεις ιδιοκτησίας δεν ήταν πλέον συμβατές με τις υλικές συνθήκες

Ils devaient être brisés, alors ils ont été brisés

Έπρεπε να εκραγούν, έτσι έσκασαν κάτω

À leur place s'est ajoutée la libre concurrence des forces productives

Στη θέση τους μπήκε ο ελεύθερος ανταγωνισμός από τις παραγωγικές δυνάμεις

et ils étaient accompagnés d'une constitution sociale et politique adaptée à celle-ci

και συνοδεύονταν από ένα κοινωνικό και πολιτικό σύνταγμα προσαρμοσμένο σε αυτό

et elle s'accompagnait de l'emprise économique et politique de la classe bourgeoise

και συνοδεύτηκε από την οικονομική και πολιτική κυριαρχία της αστικής τάξης

Un mouvement similaire est en train de se produire sous nos yeux

Ένα παρόμοιο κίνημα συμβαίνει μπροστά στα μάτια μας

La société bourgeoise moderne avec ses rapports de production, d'échange et de propriété

Η σύγχρονη αστική κοινωνία με τις σχέσεις παραγωγής, ανταλλαγής και ιδιοκτησίας

une société qui a inventé des moyens de production et d'échange aussi gigantesques

Μια κοινωνία που έχει επινοήσει τέτοια γιγαντιαία μέσα παραγωγής και ανταλλαγής

C'est comme le sorcier qui a invoqué les puissances de l'au-delà

Είναι σαν τον μάγο που επικαλέστηκε τις δυνάμεις του κάτω κόσμου

Mais il n'est plus capable de contrôler ce qu'il a mis au monde

Αλλά δεν είναι πλέον σε θέση να ελέγξει αυτό που έχει φέρει στον κόσμο

Pendant de nombreuses décennies, l'histoire a été liée par un fil conducteur

Για πολλές δεκαετίες η ιστορία ήταν δεμένη με ένα κοινό νήμα

L'histoire de l'industrie et du commerce n'a été que l'histoire des révoltes

Η ιστορία της βιομηχανίας και του εμπορίου δεν ήταν παρά η ιστορία των εξεγέρσεων

Les révoltes des forces productives modernes contre les conditions modernes de production

τις εξεγέρσεις των σύγχρονων παραγωγικών δυνάμεων ενάντια στις σύγχρονες συνθήκες παραγωγής

Les révoltes des forces productives modernes contre les rapports de propriété

τις εξεγέρσεις των σύγχρονων παραγωγικών δυνάμεων ενάντια στις σχέσεις ιδιοκτησίας

ces rapports de propriété sont les conditions de l'existence de la bourgeoisie

Αυτές οι σχέσεις ιδιοκτησίας είναι οι όροι ύπαρξης της αστικής τάξης

et l'existence de la bourgeoisie détermine les règles des rapports de propriété

Και η ύπαρξη της αστικής τάξης καθορίζει τους κανόνες για τις σχέσεις ιδιοκτησίας

Il suffit de mentionner le retour périodique des crises commerciales

Αρκεί να αναφέρουμε την περιοδική επιστροφή των εμπορικών κρίσεων

chaque crise commerciale est plus menaçante pour la société bourgeoise que la précédente

κάθε εμπορική κρίση είναι πιο απειλητική για την αστική κοινωνία από την προηγούμενη

Dans ces crises, une grande partie des produits existants sont détruits

Σε αυτές τις κρίσεις ένα μεγάλο μέρος των υπαρχόντων προϊόντων καταστρέφεται

Mais ces crises détruisent aussi les forces productives créées précédemment

Αλλά αυτές οι κρίσεις καταστρέφουν επίσης τις παραγωγικές δυνάμεις που δημιουργήθηκαν προηγουμένως

Dans toutes les époques antérieures, ces épidémies auraient semblé une absurdité

Σε όλες τις προηγούμενες εποχές αυτές οι επιδημίες θα φαίνονταν παραλογισμός

parce que ces épidémies sont les crises commerciales de la surproduction

Επειδή αυτές οι επιδημίες είναι οι εμπορικές κρίσεις της υπερπαραγωγής

La société se trouve soudain remise dans un état de barbarie momentanée

Η κοινωνία ξαφνικά βρίσκεται ξανά σε μια κατάσταση στιγμιαίας βαρβαρότητας

comme si une guerre universelle de dévastation avait coupé tous les moyens de subsistance

Λες και ένας παγκόσμιος πόλεμος καταστροφής είχε κόψει κάθε μέσο επιβίωσης

l'industrie et le commerce semblent avoir été détruits ; Et pourquoi ?

η βιομηχανία και το εμπόριο φαίνεται να έχουν καταστραφεί· Και γιατί;

Parce qu'il y a trop de civilisation et de moyens de subsistance

Επειδή υπάρχει πάρα πολύς πολιτισμός και μέσα διαβίωσης

et parce qu'il y a trop d'industrie et trop de commerce

Και επειδή υπάρχει πάρα πολλή βιομηχανία και πάρα πολύ εμπόριο

Les forces productives à la disposition de la société ne développent plus la propriété bourgeoise

Οι παραγωγικές δυνάμεις που έχει στη διάθεσή της η κοινωνία δεν αναπτύσσουν πλέον την αστική ιδιοκτησία

au contraire, ils sont devenus trop puissants pour ces conditions, par lesquelles ils sont enchaînés

Αντίθετα, έχουν γίνει πολύ ισχυροί για αυτές τις συνθήκες, από τις οποίες δεσμεύονται

dès qu'ils surmontent ces entraves, ils mettent le désordre dans toute la société bourgeoise

Μόλις ξεπεράσουν αυτά τα δεσμά, φέρνουν αταξία σε ολόκληρη την αστική κοινωνία

et les forces productives mettent en danger l'existence de la propriété bourgeoise

και οι παραγωγικές δυνάμεις θέτουν σε κίνδυνο την ύπαρξη της αστικής ιδιοκτησίας

Les conditions de la société bourgeoise sont trop étroites pour englober les richesses qu'elles créent

Οι συνθήκες της αστικής κοινωνίας είναι πολύ στενές για να περιλαμβάνουν τον πλούτο που δημιουργείται από αυτές

Et comment la bourgeoisie surmonte-t-elle ces crises ?

Και πώς ξεπερνάει η αστική τάξη αυτές τις κρίσεις;

D'une part, elle surmonte ces crises par la destruction forcée d'une masse de forces productives

Από τη μια πλευρά, ξεπερνά αυτές τις κρίσεις με την αναγκαστική καταστροφή μιας μάζας παραγωγικών δυνάμεων

D'autre part, elle surmonte ces crises par la conquête de nouveaux marchés

Από την άλλη πλευρά, ξεπερνά αυτές τις κρίσεις με την κατάκτηση νέων αγορών

et elle surmonte ces crises par l'exploitation plus poussée des anciennes forces productives

Και ξεπερνά αυτές τις κρίσεις με την πιο ολοκληρωτική εκμετάλλευση των παλιών παραγωγικών δυνάμεων

C'est-à-dire en ouvrant la voie à des crises plus étendues et plus destructrices

Δηλαδή, ανοίγοντας το δρόμο για πιο εκτεταμένες και πιο καταστροφικές κρίσεις

elle surmonte la crise en diminuant les moyens de prévention des crises

Ξεπερνά την κρίση μειώνοντας τα μέσα πρόληψης των κρίσεων

Les armes avec lesquelles la bourgeoisie a abattu le féodalisme sont maintenant retournées contre elle-même

Τα όπλα με τα οποία η αστική τάξη έριξε τη φεουδαρχία στο έδαφος στρέφονται τώρα εναντίον της

Mais non seulement la bourgeoisie a-t-elle forgé les armes qui lui apportent la mort

Αλλά όχι μόνο η αστική τάξη έχει σφυρηλατήσει τα όπλα που φέρνουν το θάνατο στον εαυτό της

Il a également appelé à l'existence les hommes qui doivent manier ces armes

Έχει επίσης δημιουργήσει τους άνδρες που πρόκειται να χειριστούν αυτά τα όπλα

Et ces hommes sont la classe ouvrière moderne ; Ce sont les prolétaires

Και αυτοί οι άνθρωποι είναι η σύγχρονη εργατική τάξη. Αυτοί είναι οι προλετάριοι

À mesure que la bourgeoisie se développe, le prolétariat se développe dans la même proportion

Στην αναλογία που αναπτύσσεται η αστική τάξη, στην ίδια αναλογία αναπτύσσεται και το προλεταριάτο

La classe ouvrière moderne a développé une classe d'ouvriers

Η σύγχρονη εργατική τάξη ανέπτυξε μια τάξη εργατών

Cette classe d'ouvriers ne vit que tant qu'elle trouve du travail

Αυτή η τάξη των εργατών ζει μόνο όσο βρίσκουν δουλειά

et ils ne trouvent de travail qu'aussi longtemps que leur travail augmente le capital

Και βρίσκουν δουλειά μόνο όσο η εργασία τους αυξάνει το κεφάλαιο

Ces ouvriers, qui doivent se vendre à la pièce, sont une marchandise

Αυτοί οι εργάτες, που πρέπει να πουλήσουν τον εαυτό τους με το κομμάτι, είναι εμπόρευμα

Ces ouvriers sont comme tous les autres articles de commerce

Αυτοί οι εργάτες είναι σαν κάθε άλλο είδος εμπορίου

et, par conséquent, ils sont exposés à toutes les vicissitudes de la concurrence

και, κατά συνέπεια, εκτίθενται σε όλες τις αντιξοότητες του ανταγωνισμού

Ils doivent faire face à toutes les fluctuations du marché

Πρέπει να αντιμετωπίσουν όλες τις διακυμάνσεις της αγοράς

En raison de l'utilisation intensive des machines et de la division du travail

Λόγω της εκτεταμένης χρήσης μηχανημάτων και του καταμερισμού της εργασίας

Le travail des prolétaires a perdu tout caractère individuel

Η δουλειά των προλετάριων έχει χάσει κάθε ατομικό χαρακτήρα

et, par conséquent, le travail des prolétaires a perdu tout charme pour l'ouvrier

Και κατά συνέπεια, η δουλειά των προλετάριων έχει χάσει κάθε γοητεία για τον εργάτη

Il devient un appendice de la machine, plutôt que l'homme qu'il était autrefois

Γίνεται ένα εξάρτημα της μηχανής, παρά ο άνθρωπος που ήταν κάποτε

On n'exige de lui que l'habileté la plus simple, la plus monotone et la plus facile à acquérir

Μόνο η πιο απλή, μονότονη και πιο εύκολα αποκτηθείσα ικανότητα απαιτείται από αυτόν

Par conséquent, le coût de production d'un ouvrier est limité

Ως εκ τούτου, το κόστος παραγωγής ενός εργάτη είναι περιορισμένο

elle se limite presque entièrement aux moyens de subsistance dont il a besoin pour son entretien

περιορίζεται σχεδόν εξ ολοκλήρου στα μέσα διαβίωσης που χρειάζεται για τη συντήρησή του

et elle est limitée aux moyens de subsistance dont il a besoin pour la propagation de sa race

Και περιορίζεται στα μέσα διαβίωσης που χρειάζεται για τη διάδοση της φυλής του

Mais le prix d'une marchandise, et par conséquent aussi du travail, est égal à son coût de production

Αλλά η τιμή ενός εμπορεύματος, και επομένως και της εργασίας, είναι ίση με τα έξοδα παραγωγής του

C'est pourquoi, à mesure que le travail répugnant augmente, le salaire diminue

Αναλογικά, λοιπόν, όσο αυξάνεται η αποκρουστικότητα της εργασίας, μειώνεται και ο μισθός

Bien plus, le caractère répugnant de son travail augmente à un rythme encore plus grand

Όχι, η αποκρουστικότητα της δουλειάς του αυξάνεται με ακόμη μεγαλύτερο ρυθμό

À mesure que l'utilisation des machines et la division du travail augmentent, le fardeau du labeur augmente également

Καθώς αυξάνεται η χρήση μηχανημάτων και ο καταμερισμός της εργασίας, αυξάνεται και το βάρος του μόχθου

La charge de travail est augmentée par la prolongation du temps de travail

Το βάρος του μόχθου αυξάνεται με την επιμήκυνση του ωραρίου εργασίας

On attend plus de l'ouvrier dans le même temps qu'auparavant

Περισσότερα αναμένονται από τον εργάτη στον ίδιο χρόνο όπως και πριν

Et bien sûr, le poids du labeur est augmenté par la vitesse de la machine

Και φυσικά το βάρος του μόχθου αυξάνεται από την ταχύτητα των μηχανημάτων

L'industrie moderne a transformé le petit atelier du maître patriarcal en la grande usine du capitaliste industriel

Η σύγχρονη βιομηχανία έχει μετατρέψει το μικρό εργαστήριο του πατριαρχικού αφέντη στο μεγάλο εργοστάσιο του βιομηχανικού καπιταλιστή

Des masses d'ouvriers, entassés dans l'usine, s'organisent comme des soldats

Μάζες εργατών, συνωστισμένες στο εργοστάσιο, οργανώνονται σαν στρατιώτες

En tant que simples soldats de l'armée industrielle, ils sont placés sous le commandement d'une hiérarchie parfaite d'officiers et de sergents

Ως ιδιώτες του βιομηχανικού στρατού τίθενται υπό τη διοίκηση μιας τέλειας ιεραρχίας αξιωματικών και λοχιών

ils ne sont pas seulement les esclaves de la classe bourgeoise et de l'État

Δεν είναι μόνο σκλάβοι της αστικής τάξης και του κράτους

Mais ils sont aussi asservis quotidiennement et d'heure en heure par la machine

Αλλά είναι επίσης καθημερινά και ωριαία σκλαβωμένα από τη μηχανή

ils sont asservis par le surveillant, et surtout par le fabricant bourgeois lui-même

Είναι υποδουλωμένοι από τον παραβλέποντα και, πάνω απ' όλα, από τον ίδιο τον μεμονωμένο κατασκευαστή της αστικής τάξης

Plus ce despotisme proclame ouvertement que le gain est sa fin et son but, plus il est mesquin, plus haïssable et plus aigri

Όσο πιο ανοιχτά αυτός ο δεσποτισμός διακηρύσσει ότι το κέρδος είναι ο σκοπός και ο στόχος του, τόσο πιο μικροπρεπής, τόσο πιο μισητός και τόσο πιο πικραμένος είναι

Plus l'industrie moderne se développe, moins les différences entre les sexes sont grandes

Όσο πιο σύγχρονη βιομηχανία αναπτύσσεται, τόσο μικρότερες είναι οι διαφορές μεταξύ των φύλων

Moins le travail manuel exige d'habileté et d'effort de force, plus le travail des hommes est supplanté par celui des femmes

Όσο λιγότερη είναι η ικανότητα και η άσκηση δύναμης που συνεπάγεται η χειρωνακτική εργασία, τόσο περισσότερο η εργασία των ανδρών αντικαθίσταται από εκείνη των γυναικών

Les différences d'âge et de sexe n'ont plus de validité sociale distincte pour la classe ouvrière

Οι διαφορές ηλικίας και φύλου δεν έχουν πλέον καμία διακριτή κοινωνική εγκυρότητα για την εργατική τάξη

Tous sont des instruments de travail, plus ou moins coûteux à utiliser, selon leur âge et leur sexe

Όλα είναι εργαλεία εργασίας, περισσότερο ή λιγότερο ακριβά στη χρήση, ανάλογα με την ηλικία και το φύλο τους

dès que l'ouvrier reçoit son salaire en espèces, il est attaqué
par les autres parties de la bourgeoisie

μόλις ο εργάτης πάρει το μισθό του σε μετρητά, από ό, τι
καθορίζεται από τα άλλα τμήματα της αστικής τάξης

le propriétaire, le commerçant, le prêteur sur gages, etc

ο ιδιοκτήτης, ο καταστηματάρχης, ο ενεχυροδανειστής κ.λπ

**Les couches inférieures de la classe moyenne ; les petits
commerçants et les commerçants**

Τα κατώτερα στρώματα της μεσαίας τάξης. Οι μικροί
έμποροι και οι καταστηματάρχες

**les commerçants retraités en général, et les artisans et les
paysans**

Οι συνταξιούχοι έμποροι γενικά, οι χειροτέχνες και οι
αγρότες

tout cela s'enfonce peu à peu dans le prolétariat

Όλα αυτά βυθίζονται βαθμιαία στο προλεταριάτο

**en partie parce que leur petit capital ne suffit pas à l'échelle
sur laquelle l'industrie moderne est exercée**

εν μέρει επειδή το μικρό τους κεφάλαιο δεν επαρκεί για την
κλίμακα στην οποία διεξάγεται η σύγχρονη βιομηχανία

**et parce qu'elle est submergée par la concurrence avec les
grands capitalistes**

Και επειδή κατακλύζεται από τον ανταγωνισμό με τους
μεγάλους καπιταλιστές

**en partie parce que leur savoir-faire spécialisé est rendu sans
valeur par les nouvelles méthodes de production**

Εν μέρει επειδή ή εξειδικευμένη δεξιότητά τους καθίσταται
άχρηστη από τις νέες μεθόδους παραγωγής

**Ainsi le prolétariat se recrute dans toutes les classes de la
population**

Έτσι το προλεταριάτο στρατολογείται από όλες τις τάξεις
του πληθυσμού

Le prolétariat passe par différents stades de développement

Το προλεταριάτο περνάει από διάφορα στάδια ανάπτυξης

Avec sa naissance commence sa lutte contre la bourgeoisie

Με τη γέννησή της αρχίζει ο αγώνας της με την αστική τάξη

Dans un premier temps, la lutte est menée par des ouvriers individuels

Στην αρχή ο αγώνας διεξάγεται από μεμονωμένους εργάτες

Ensuite, le concours est mené par les ouvriers d'une usine

Στη συνέχεια, ο διαγωνισμός διεξάγεται από τους εργάτες ενός εργοστασίου

Ensuite, la lutte est menée par les agents d'un métier, dans une localité

Στη συνέχεια, ο διαγωνισμός διεξάγεται από τους πράκτορες ενός επαγγέλματος, σε μια τοποθεσία

et la lutte est alors contre la bourgeoisie individuelle qui les exploite directement

Και ο ανταγωνισμός είναι τότε ενάντια στην ατομική αστική τάξη που την εκμεταλλεύεται άμεσα

Ils ne dirigent pas leurs attaques contre les conditions de production de la bourgeoisie

Κατευθύνουν τις επιθέσεις τους όχι ενάντια στις αστικές συνθήκες παραγωγής

mais ils dirigent leur attaque contre les instruments de production eux-mêmes

Αλλά κατευθύνουν την επίθεσή τους ενάντια στα ίδια τα μέσα παραγωγής

Ils détruisent les marchandises importées qui font concurrence à leur main-d'œuvre

Καταστρέφουν εισαγόμενα προϊόντα που ανταγωνίζονται την εργασία τους

Ils brisent les machines et mettent le feu aux usines

Θρυμματίζουν μηχανήματα και πυρπολούν εργοστάσια

ils cherchent à restaurer par la force le statut disparu de l'ouvrier du Moyen Âge

Επιδιώκουν να αποκαταστήσουν με τη βία την εξαφανισμένη κατάσταση του εργάτη του Μεσαίωνα

À ce stade, les ouvriers forment encore une masse incohérente dispersée dans tout le pays

Σε αυτό το στάδιο οι εργάτες εξακολουθούν να αποτελούν μια ασυνάρτητη μάζα διασκορπισμένη σε ολόκληρη τη χώρα

et ils sont brisés par leur concurrence mutuelle

και διαλύονται από τον αμοιβαίο ανταγωνισμό τους

S'ils s'unissent quelque part pour former des corps plus compacts, ce n'est pas encore la conséquence de leur propre union active

Αν οπουδήποτε ενωθούν για να σχηματίσουν πιο συμπαγή σώματα, αυτό δεν είναι ακόμα η συνέπεια της δικής τους ενεργού ένωσης

mais c'est une conséquence de l'union de la bourgeoisie, d'atteindre ses propres fins politiques

αλλά είναι συνέπεια της ένωσης της αστικής τάξης, για την επίτευξη των δικών της πολιτικών σκοπών

la bourgeoisie est obligée de mettre en mouvement tout le prolétariat

Η αστική τάξη είναι υποχρεωμένη να θέσει σε κίνηση ολόκληρο το προλεταριάτο

et d'ailleurs, pour un temps, la bourgeoisie est capable de le faire

Και επιπλέον, για μια στιγμή, η αστική τάξη είναι σε θέση να το κάνει

À ce stade, les prolétaires ne combattent donc pas leurs ennemis

Σε αυτό το στάδιο, επομένως, οι προλετάριοι δεν πολεμούν τους εχθρούς τους

mais au lieu de cela, ils combattent les ennemis de leurs ennemis

Αλλά αντ' αυτού πολεμούν τους εχθρούς των εχθρών τους

La lutte contre les vestiges de la monarchie absolue et les propriétaires terriens

Ο αγώνας: τα απομεινάρια της απόλυτης μοναρχίας και οι γαιοκτήμονες

ils combattent la bourgeoisie non industrielle ; la petite bourgeoisie

πολεμούν τη μη βιομηχανική αστική τάξη· η μικροαστική τάξη

Ainsi tout le mouvement historique est concentré entre les mains de la bourgeoisie

Έτσι, ολόκληρο το ιστορικό κίνημα συγκεντρώνεται στα χέρια της αστικής τάξης

chaque victoire ainsi obtenue est une victoire pour la bourgeoisie

Κάθε νίκη που επιτυγχάνεται με αυτόν τον τρόπο είναι μια νίκη για την αστική τάξη

Mais avec le développement de l'industrie, le prolétariat ne se contente pas d'augmenter en nombre

Αλλά με την ανάπτυξη της βιομηχανίας το προλεταριάτο όχι μόνο αυξάνεται σε αριθμό

le prolétariat se concentre en masses plus grandes et sa force s'accroît

το προλεταριάτο συγκεντρώνεται σε μεγαλύτερες μάζες και η δύναμή του μεγαλώνει

et le prolétariat ressent de plus en plus cette force

Και το προλεταριάτο νιώθει αυτή τη δύναμη όλο και περισσότερο

Les divers intérêts et conditions de vie dans les rangs du prolétariat sont de plus en plus égalisés

Τα διάφορα συμφέροντα και οι συνθήκες ζωής μέσα στις γραμμές του προλεταριάτου εξισώνονται όλο και περισσότερο

elles deviennent plus proportionnelles à mesure que les machines effacent toutes les distinctions de travail

Γίνονται όλο και περισσότερο αναλογικές, καθώς οι μηχανές εξαλείφουν όλες τις διακρίσεις της εργασίας

et les machines réduisent presque partout les salaires au même bas niveau

Και τα μηχανήματα σχεδόν παντού μειώνουν τους μισθούς στο ίδιο χαμηλό επίπεδο

La concurrence croissante entre la bourgeoisie et les crises commerciales qui en résultent rendent les salaires des ouvriers de plus en plus fluctuants

Ο αυξανόμενος ανταγωνισμός ανάμεσα στην αστική τάξη, και οι επακόλουθες εμπορικές κρίσεις, κάνουν τους μισθούς των εργατών όλο και πιο κυμαινόμενους

L'amélioration incessante des machines, qui se développe de plus en plus rapidement, rend leurs moyens d'existence de plus en plus précaires

Η αδιάκοπη βελτίωση των μηχανών, που αναπτύσσεται όλο και πιο γρήγορα, καθιστά τα μέσα διαβίωσής τους όλο και πιο επισφαλή

les collisions entre les ouvriers individuels et la bourgeoisie individuelle prennent de plus en plus le caractère de collisions entre deux classes

Οι συγκρούσεις ανάμεσα σε μεμονωμένους εργάτες και μεμονωμένους αστούς παίρνουν όλο και περισσότερο το χαρακτήρα συγκρούσεων ανάμεσα σε δύο τάξεις

Là-dessus, les ouvriers commencent à former des associations (syndicats) contre la bourgeoisie

Τότε οι εργάτες αρχίζουν να σχηματίζουν συνδυασμούς (συνδικάτα) ενάντια στην αστική τάξη

Ils s'associent pour maintenir le taux des salaires

Συνασπίζονται για να διατηρήσουν το ποσοστό των μισθών

Ils fondèrent des associations permanentes afin de pourvoir à l'avance à ces révoltes occasionnelles

Βρήκαν μόνιμες ενώσεις για να προνοήσουν εκ των προτέρων για αυτές τις περιστασιακές εξεγέρσεις

Ici et là, la lutte éclate en émeutes

Εδώ κι εκεί ο διαγωνισμός ξεσπά σε ταραχές

De temps en temps, les ouvriers sont victorieux, mais seulement pour un temps

Μια στο τόσο οι εργάτες νικούν, αλλά μόνο για ένα διάστημα

Le vrai fruit de leurs luttes n'est pas dans le résultat immédiat, mais dans l'union toujours plus grande des travailleurs

Ο πραγματικός καρπός των αγώνων τους βρίσκεται, όχι στο άμεσο αποτέλεσμα, αλλά στη συνεχώς διευρυνόμενη ένωση των εργατών

Cette union est favorisée par les moyens de communication améliorés créés par l'industrie moderne

Αυτή η ένωση βοηθείται από τα βελτιωμένα μέσα επικοινωνίας που δημιουργούνται από τη σύγχρονη βιομηχανία

La communication moderne met en contact les travailleurs de différentes localités les uns avec les autres

Η σύγχρονη επικοινωνία φέρνει τους εργαζόμενους διαφορετικών τοποθεσιών σε επαφή μεταξύ τους

C'était précisément ce contact qui était nécessaire pour centraliser les nombreuses luttes locales en une lutte nationale entre les classes

Ήταν ακριβώς αυτή η επαφή που χρειαζόταν για να συγκεντρωθούν οι πολυάριθμοι τοπικοί αγώνες σε μια εθνική πάλη μεταξύ των τάξεων

Toutes ces luttes sont du même caractère, et toute lutte de classe est une lutte politique

Όλοι αυτοί οι αγώνες έχουν τον ίδιο χαρακτήρα και κάθε ταξική πάλη είναι πολιτική πάλη

les bourgeois du moyen âge, avec leurs misérables routes, mettaient des siècles à former leurs syndicats

Οι αστοί του Μεσαίωνα, με τις άθλιες λεωφόρους τους, χρειάστηκαν αιώνες για να σχηματίσουν τις ενώσεις τους

Les prolétaires modernes, grâce aux chemins de fer, réalisent leurs syndicats en quelques années

Οι σύγχρονοι προλετάριοι, χάρη στους σιδηροδρόμους, αποκτούν τα συνδικάτα τους μέσα σε λίγα χρόνια

Cette organisation des prolétaires en classe les a donc formés en parti politique

Αυτή η οργάνωση των προλετάριων σε τάξη τους
διαμόρφωσε κατά συνέπεια σε πολιτικό κόμμα
**La classe politique est continuellement bouleversée par la
concurrence entre les travailleurs eux-mêmes**
Η πολιτική τάξη συνεχώς αναστατώνεται από τον
ανταγωνισμό μεταξύ των ίδιων των εργατών
**Mais la classe politique continue de se soulever, plus forte,
plus ferme, plus puissante**
Αλλά η πολιτική τάξη συνεχίζει να ξεσηκώνεται ξανά,
ισχυρότερη, σταθερότερη, ισχυρότερη
**Elle oblige la législation à reconnaître les intérêts
particuliers des travailleurs**
Επιβάλλει τη νομοθετική αναγνώριση ιδιαίτερων
συμφερόντων των εργαζομένων
**il le fait en profitant des divisions au sein de la bourgeoisie
elle-même**
Το κάνει αυτό εκμεταλλευόμενη τις διαιρέσεις μέσα στην
ίδια την αστική τάξη
**C'est ainsi qu'en Angleterre fut promulguée la loi sur les dix
heures**
Έτσι, το νομοσχέδιο για το δεκάωρο στην Αγγλία τέθηκε σε
νόμο
**à bien des égards, les collisions entre les classes de
l'ancienne société sont en outre le cours du développement
du prolétariat**
Από πολλές απόψεις, οι συγκρούσεις μεταξύ των τάξεων
της παλιάς κοινωνίας είναι η πορεία ανάπτυξης του
προλεταριάτου
**La bourgeoisie se trouve engagée dans une bataille de tous
les instants**
Η αστική τάξη βρίσκεται μπλεγμένη σε μια συνεχή μάχη
**Dans un premier temps, il se trouvera impliqué dans une
bataille constante avec l'aristocratie**
Στην αρχή θα βρεθεί μπλεγμένη σε μια συνεχή μάχη με
την αριστοκρατία

plus tard, elle se trouvera engagée dans une lutte constante avec ces parties de la bourgeoisie elle-même

Αργότερα θα βρεθεί μπλεγμένη σε μια συνεχή μάχη με εκείνα τα τμήματα της ίδιας της αστικής τάξης

et leurs intérêts seront devenus antagonistes au progrès de l'industrie

Και τα συμφέροντά τους θα έχουν γίνει ανταγωνιστικά προς την πρόοδο της βιομηχανίας

à tout moment, leurs intérêts seront devenus antagonistes avec la bourgeoisie des pays étrangers

Ανά πάσα στιγμή, τα συμφέροντά τους θα έχουν γίνει ανταγωνιστικά με την αστική τάξη των ξένων χωρών

Dans toutes ces batailles, elle se voit obligée de faire appel au prolétariat et lui demande son aide

Σε όλες αυτές τις μάχες βλέπει τον εαυτό του υποχρεωμένο να απευθυνθεί στο προλεταριάτο και ζητά τη βοήθειά του

Et ainsi, il se sentira obligé de l'entraîner dans l'arène politique

Και έτσι, θα αισθανθεί υποχρεωμένο να το σύρει στην πολιτική αρένα

C'est pourquoi la bourgeoisie elle-même fournit au prolétariat ses propres instruments d'éducation politique et générale

Η ίδια η αστική τάξη, επομένως, προμηθεύει το προλεταριάτο με τα δικά της όργανα πολιτικής και γενικής διαπαιδαγώγησης

c'est-à-dire qu'il fournit au prolétariat des armes pour combattre la bourgeoisie

με άλλα λόγια, εφοδιάζει το προλεταριάτο με όπλα για την καταπολέμηση της αστικής τάξης

De plus, comme nous l'avons déjà vu, des sections entières des classes dominantes sont précipitées dans le prolétariat

Επιπλέον, όπως έχουμε ήδη δει, ολόκληρα τμήματα των κυρίαρχων τάξεων κατακρημνίζονται στο προλεταριάτο

le progrès de l'industrie les aspire dans le prolétariat

Η πρόοδος της βιομηχανίας τους ρουφάει στο προλεταριάτο

ou, du moins, ils sont menacés dans leurs conditions d'existence

ή, τουλάχιστον, απειλούνται στις συνθήκες ύπαρξής τους

Ceux-ci fournissent également au prolétariat de nouveaux éléments d'illumination et de progrès

Αυτά παρέχουν επίσης στο προλεταριάτο νέα στοιχεία διαφώτισης και προόδου

Enfin, à l'approche de l'heure décisive de la lutte des classes

Τέλος, σε καιρούς που η ταξική πάλη πλησιάζει την αποφασιστική ώρα

le processus de dissolution en cours au sein de la classe dirigeante

Η διαδικασία διάλυσης που βρίσκεται σε εξέλιξη μέσα στην άρχουσα τάξη

En fait, la dissolution en cours au sein de la classe dirigeante se fera sentir dans toute la société

Στην πραγματικότητα, η διάλυση που συμβαίνει μέσα στην άρχουσα τάξη θα γίνει αισθητή σε όλο το φάσμα της κοινωνίας

Il prendra un caractère si violent et si flagrant qu'une petite partie de la classe dirigeante se laissera aller à la dérive

Θα πάρει έναν τόσο βίαιο, κραυγαλέο χαρακτήρα, που ένα μικρό τμήμα της άρχουσας τάξης αποκόπτεται

et que la classe dirigeante rejoindra la classe révolutionnaire

Και αυτή η άρχουσα τάξη θα ενταχθεί στην επαναστατική τάξη

La classe révolutionnaire étant la classe qui tient l'avenir entre ses mains

Η επαναστατική τάξη είναι η τάξη που κρατά το μέλλον στα χέρια της

Comme à une époque antérieure, une partie de la noblesse passa dans la bourgeoisie

Όπως και σε μια προηγούμενη περίοδο, ένα τμήμα της αριστοκρατίας πέρασε στην αστική τάξη

de la même manière qu'une partie de la bourgeoisie passera
au prolétariat

με τον ίδιο τρόπο ένα μέρος της αστικής τάξης θα περάσει
στο προλεταριάτο

en particulier, une partie de la bourgeoisie passera à une
partie des idéologues de la bourgeoisie

Συγκεκριμένα, ένα μέρος της αστικής τάξης θα περάσει σε
ένα τμήμα των ιδεολόγων της αστικής τάξης

Des idéologues bourgeois qui se sont élevés au niveau de la
compréhension théorique du mouvement historique dans
son ensemble

Αστοί ιδεολόγοι που έχουν ανυψωθεί στο επίπεδο της
θεωρητικής κατανόησης του ιστορικού κινήματος στο
σύνολό του

De toutes les classes qui se trouvent aujourd'hui en face de
la bourgeoisie, seule le prolétariat est une classe vraiment
révolutionnaire

Από όλες τις τάξεις που στέκονται πρόσωπο με πρόσωπο
με την αστική τάξη σήμερα, μόνο το προλεταριάτο είναι
μια πραγματικά επαναστατική τάξη

Les autres classes se dégradent et finissent par disparaître
devant l'industrie moderne

Οι άλλες τάξεις παρακμάζουν και τελικά εξαφανίζονται
μπροστά στη σύγχρονη βιομηχανία

le prolétariat est son produit spécial et essentiel

Το προλεταριάτο είναι το ιδιαίτερο και ουσιαστικό προϊόν
του

La petite bourgeoisie, le petit industriel, le commerçant,
l'artisan, le paysan

Η κατώτερη μεσαία τάξη, ο μικροβιομήχανος, ο
καταστηματάρχης, ο τεχνίτης, ο αγρότης

toutes ces luttes contre la bourgeoisie

Όλοι αυτοί παλεύουν ενάντια στην αστική τάξη

Ils se battent en tant que fractions de la classe moyenne pour
se sauver de l'extinction

Πολεμούν ως φράξια της μεσαίας τάξης για να σωθούν
από την εξαφάνιση

Ils ne sont donc pas révolutionnaires, mais conservateurs

Επομένως, δεν είναι επαναστάτες, αλλά συντηρητικοί

**Bien plus, ils sont réactionnaires, car ils essaient de faire
reculer la roue de l'histoire**

Επιπλέον, είναι αντιδραστικοί, γιατί προσπαθούν να
γυρίσουν πίσω τον τροχό της ιστορίας

**Si par hasard ils sont révolutionnaires, ils ne le sont qu'en
vue de leur transfert imminent dans le prolétariat**

Αν κατά τύχη είναι επαναστάτες, είναι επαναστάτες μόνο
ενόψει της επικείμενης μεταφοράς τους στο προλεταριάτο

**Ils défendent ainsi non pas leurs intérêts présents, mais
leurs intérêts futurs**

Υπερασπίζονται έτσι όχι το παρόν τους, αλλά τα
μελλοντικά τους συμφέροντα

**ils désertent leur propre point de vue pour se placer à celui
du prolétariat**

εγκαταλείπουν τη δική τους άποψη για να τοποθετηθούν
σε εκείνη του προλεταριάτου

**La « classe dangereuse », la racaille sociale, cette masse en
décomposition passive rejetée par les couches les plus
basses de la vieille société**

Η «επικίνδυνη τάξη», τα κοινωνικά αποβράσματα, αυτή η
παθητικά σάπια μάζα που εκτοξεύεται από τα χαμηλότερα
στρώματα της παλιάς κοινωνίας

**Ils peuvent, ici et là, être entraînés dans le mouvement par
une révolution prolétarienne**

Μπορεί, εδώ κι εκεί, να παρασυρθούν στο κίνημα από μια
προλεταριακή επανάσταση

**Ses conditions de vie, cependant, le préparent beaucoup
plus au rôle d'instrument soudoyé de l'intrigue
réactionnaire**

Οι συνθήκες ζωής του, ωστόσο, το προετοιμάζουν πολύ
περισσότερο για το ρόλο ενός δωροδοκούμενου εργαλείου
αντιδραστικής ίντριγκας

Dans les conditions du prolétariat, ceux de l'ancienne société dans son ensemble sont déjà virtuellement submergés

Στις συνθήκες του προλεταριάτου, οι συνθήκες της παλιάς κοινωνίας γενικά είναι ήδη ουσιαστικά κατακλυσμένες

Le prolétaire est sans propriété

Ο προλετάριος είναι χωρίς ιδιοκτησία

ses rapports avec sa femme et ses enfants n'ont plus rien de commun avec les relations familiales de la bourgeoisie

Η σχέση του με τη γυναίκα και τα παιδιά του δεν έχει πια τίποτα κοινό με τις οικογενειακές σχέσεις της αστικής τάξης

le travail industriel moderne, la sujétion moderne au capital, la même en Angleterre qu'en France, en Amérique comme en Allemagne

Σύγχρονη βιομηχανική εργασία, σύγχρονη υποταγή στο κεφάλαιο, το ίδιο στην Αγγλία όπως και στη Γαλλία, στην Αμερική όπως και στη Γερμανία

Sa condition dans la société l'a dépouillé de toute trace de caractère national

Η κατάστασή του στην κοινωνία τον έχει απογυμνώσει από κάθε ίχνος εθνικού χαρακτήρα

La loi, la morale, la religion, sont pour lui autant de préjugés bourgeois

Ο νόμος, η ηθική, η θρησκεία, είναι γι' αυτόν τόσες πολλές προκαταλήψεις της αστικής τάξης

et derrière ces préjugés se cachent en embuscade autant d'intérêts bourgeois

Και πίσω από αυτές τις προκαταλήψεις κρύβονται σε ενέδρα ακριβώς όπως πολλά συμφέροντα της αστικής τάξης

Toutes les classes précédentes, qui ont pris le dessus, ont cherché à fortifier leur statut déjà acquis

Όλες οι προηγούμενες τάξεις που πήραν το πάνω χέρι, προσπάθησαν να ενισχύσουν την ήδη αποκτηθείσα θέση τους

Ils l'ont fait en soumettant la société dans son ensemble à leurs conditions d'appropriation

Το έκαναν αυτό υποβάλλοντας την κοινωνία στο σύνολό της στις συνθήκες ιδιοποίησής τους

Les prolétaires ne peuvent pas devenir maîtres des forces productives de la société

Οι προλετάριοι δεν μπορούν να γίνουν κύριοι των παραγωγικών δυνάμεων της κοινωνίας

elle ne peut le faire qu'en abolissant son propre mode d'appropriation antérieur

Αυτό μπορεί να γίνει μόνο με την κατάργηση του δικού τους προηγούμενου τρόπου ιδιοποίησης

et par là même elle abolit tout autre mode d'appropriation antérieur

και έτσι καταργεί επίσης κάθε άλλο προηγούμενο τρόπο ιδιοποίησης

Ils n'ont rien à eux pour s'assurer et se fortifier

Δεν έχουν τίποτα δικό τους να εξασφαλίσουν και να οχυρώσουν

Leur mission est de détruire toutes les sûretés antérieures et les assurances de biens individuels

Η αποστολή τους είναι να καταστρέψουν όλες τις προηγούμενες ασφάλειες και ασφάλειες ατομικής περιουσίας

Tous les mouvements historiques antérieurs étaient des mouvements de minorités

Όλα τα προηγούμενα ιστορικά κινήματα ήταν κινήματα μειονοτήτων

ou bien il s'agissait de mouvements dans l'intérêt des minorités

ή ήταν κινήματα προς το συμφέρον των μειονοτήτων

Le mouvement prolétarien est le mouvement conscient et indépendant de l'immense majorité

Το προλεταριακό κίνημα είναι το αυτοσυνείδητο, ανεξάρτητο κίνημα της τεράστιας πλειοψηφίας

Et c'est un mouvement dans l'intérêt de l'immense majorité

Και είναι ένα κίνημα προς το συμφέρον της τεράστιας πλειοψηφίας

Le prolétariat, couche la plus basse de notre société actuelle

Το προλεταριάτο, το κατώτερο στρώμα της σημερινής κοινωνίας μας

elle ne peut ni s'agiter ni s'élever sans que toutes les couches supérieures de la société officielle ne soient soulevées en l'air

Δεν μπορεί να ξεσηκωθεί ή να ξεσηκωθεί χωρίς να ξεπηδήσουν στον αέρα όλα τα κατεστημένα στρώματα της επίσημης κοινωνίας

Loin d'être dans le fond, mais dans la forme, la lutte du prolétariat contre la bourgeoisie est d'abord une lutte nationale

Αν και όχι στην ουσία, αλλά στη μορφή, ο αγώνας του προλεταριάτου με την αστική τάξη είναι αρχικά εθνικός αγώνας

Le prolétariat de chaque pays doit, bien entendu, régler d'abord ses affaires avec sa propre bourgeoisie

Το προλεταριάτο κάθε χώρας πρέπει, φυσικά, πρώτα απ' όλα να τακτοποιήσει τα ζητήματα με τη δική του αστική τάξη

En décrivant les phases les plus générales du développement du prolétariat, nous avons retracé la guerre civile plus ou moins voilée

Απεικονίζοντας τις πιο γενικές φάσεις της ανάπτυξης του προλεταριάτου, ανιχνεύσαμε τον περισσότερο ή λιγότερο συγκαλυμμένο εμφύλιο πόλεμο

Ce civil fait rage au sein de la société existante

Αυτός ο πολίτης μαίνεται μέσα στην υπάρχουσα κοινωνία

Elle fera rage jusqu'au point où cette guerre éclatera en révolution ouverte

Θα μαίνεται μέχρι το σημείο όπου αυτός ο πόλεμος θα ξεσπάσει σε ανοιχτή επανάσταση

et alors le renversement violent de la bourgeoisie jette les bases de l'emprise du prolétariat

Και τότε η βίαιη ανατροπή της αστικής τάξης θέτει τα θεμέλια για την κυριαρχία του προλεταριάτου

Jusqu'à présent, toute forme de société a été fondée, comme nous l'avons déjà vu, sur l'antagonisme des classes oppressives et opprimées

Μέχρι τώρα, κάθε μορφή κοινωνίας βασιζόταν, όπως έχουμε ήδη δει, στον ανταγωνισμό των καταπιεζόμενων και καταπιεζόμενων τάξεων

Mais pour opprimer une classe, il faut lui assurer certaines conditions

Αλλά για να καταπιέσει μια τάξη, πρέπει να της εξασφαλιστούν ορισμένες προϋποθέσεις

La classe doit être maintenue dans des conditions dans lesquelles elle peut, au moins, continuer son existence servile

Η τάξη πρέπει να διατηρηθεί κάτω από συνθήκες στις οποίες μπορεί, τουλάχιστον, να συνεχίσει τη δουλική της ύπαρξη

Le serf, à l'époque du servage, s'élevait lui-même au rang d'adhérent à la commune

Ο δουλοπάροικος, κατά την περίοδο της δουλοπαροικίας, έγινε μέλος της κομμούνας

de même que la petite bourgeoisie, sous le joug de l'absolutisme féodal, a réussi à se développer en bourgeoisie

ακριβώς όπως η μικροαστική τάξη, κάτω από το ζυγό της φεουδαρχικής απολυταρχίας, κατάφερε να εξελιχθεί σε αστική τάξη

L'ouvrier moderne, au contraire, au lieu de s'élever avec les progrès de l'industrie, s'enfonce de plus en plus profondément

Ο σύγχρονος εργάτης, αντίθετα, αντί να ανεβαίνει με την πρόοδο της βιομηχανίας, βυθίζεται όλο και πιο βαθιά

il s'enfonce au-dessous des conditions d'existence de sa propre classe

Βυθίζεται κάτω από τις συνθήκες ύπαρξης της δικής του τάξης

Il devient pauvre, et le paupérisme se développe plus rapidement que la population et la richesse

Γίνεται άπορος και η εξαθλίωση αναπτύσσεται πιο γρήγορα από τον πληθυσμό και τον πλούτο

Et c'est là qu'il devient évident que la bourgeoisie n'est plus apte à être la classe dominante dans la société

Και εδώ γίνεται φανερό ότι η αστική τάξη είναι πλέον ακατάλληλη να είναι η άρχουσα τάξη στην κοινωνία

et elle n'est pas digne d'imposer ses conditions d'existence à la société comme une loi prépondérante

Και είναι ακατάλληλο να επιβάλει τους όρους ύπαρξής του στην κοινωνία ως υπέρτατο νόμο

Il est inapte à gouverner parce qu'il est incompétent pour assurer une existence à son esclave dans son esclavage

Είναι ακατάλληλη να κυβερνήσει επειδή είναι ανίκανη να εξασφαλίσει την ύπαρξη στον δούλο της μέσα στη σκλαβιά του

parce qu'il ne peut s'empêcher de le laisser sombrer dans un tel état, qu'il doit le nourrir, au lieu d'être nourri par lui

Γιατί δεν μπορεί παρά να τον αφήσει να βυθιστεί σε μια τέτοια κατάσταση, που πρέπει να τον θρέψει, αντί να τραφεί από αυτόν

La société ne peut plus vivre sous cette bourgeoisie

Η κοινωνία δεν μπορεί πλέον να ζήσει κάτω από αυτή την αστική τάξη

En d'autres termes, son existence n'est plus compatible avec la société

Με άλλα λόγια, η ύπαρξή του δεν είναι πλέον συμβατή με την κοινωνία

La condition essentielle de l'existence et de l'influence de la classe bourgeoise est la formation et l'accroissement du capital

Η βασική προϋπόθεση για την ύπαρξη και για την κυριαρχία της αστικής τάξης είναι ο σχηματισμός και η αύξηση του κεφαλαίου

La condition du capital, c'est le salariat-travail

Η προϋπόθεση για το κεφάλαιο είναι η μισθωτή εργασία
Le travail salarié repose exclusivement sur la concurrence entre les travailleurs
Η μισθωτή εργασία στηρίζεται αποκλειστικά στον ανταγωνισμό ανάμεσα στους εργάτες
Le progrès de l'industrie, dont le promoteur involontaire est la bourgeoisie, remplace l'isolement des ouvriers
Η πρόοδος της βιομηχανίας, της οποίας ακούσιος υποστηρικτής είναι η αστική τάξη, αντικαθιστά την απομόνωση των εργατών
en raison de la concurrence, en raison de leur combinaison révolutionnaire, en raison de l'association
λόγω ανταγωνισμού, λόγω επαναστατικού συνδυασμού τους, λόγω συσχέτισης
Le développement de l'industrie moderne lui coupe sous les pieds les fondements mêmes sur lesquels la bourgeoisie produit et s'approprie les produits
Η ανάπτυξη της σύγχρονης βιομηχανίας κόβει κάτω από τα πόδια της τα ίδια τα θεμέλια πάνω στα οποία η αστική τάξη παράγει και ιδιοποιείται προϊόντα
Ce que la bourgeoisie produit avant tout, ce sont ses propres fossoyeurs
Αυτό που παράγει η αστική τάξη, πάνω απ' όλα, είναι οι δικοί της νεκροθάφτες
La chute de la bourgeoisie et la victoire du prolétariat sont également inévitables
Η πτώση της αστικής τάξης και η νίκη του προλεταριάτου είναι εξίσου αναπόφευκτες

Prolétaires et communistes
Προλετάριοι και κομμουνιστές

Quel est le rapport des communistes vis-à-vis de l'ensemble des prolétaires ?

Σε ποια σχέση στέκονται οι κομμουνιστές με το σύνολο των προλετάριων;

Les communistes ne forment pas un parti séparé opposé aux autres partis de la classe ouvrière

Οι κομμουνιστές δεν σχηματίζουν ξεχωριστό κόμμα σε αντίθεση με άλλα κόμματα της εργατικής τάξης

Ils n'ont pas d'intérêts séparés de ceux du prolétariat dans son ensemble

Δεν έχουν συμφέροντα ξεχωριστά και ξέχωρα από εκείνα του προλεταριάτου στο σύνολό του

Ils n'établissent pas de principes sectaires qui leur soient propres pour façonner et modeler le mouvement prolétarien

Δεν θέτουν δικές τους σεχταριστικές αρχές, με τις οποίες να διαμορφώσουν και να διαμορφώσουν το προλεταριακό κίνημα

Les communistes ne se distinguent des autres partis ouvriers que par deux choses

Οι κομμουνιστές διακρίνονται από τα άλλα κόμματα της εργατικής τάξης μόνο σε δύο πράγματα

Premièrement, ils signalent et mettent en avant les intérêts communs de l'ensemble du prolétariat, indépendamment de toute nationalité

Πρώτον, επισημαίνουν και φέρνουν στο προσκήνιο τα κοινά συμφέροντα ολόκληρου του προλεταριάτου, ανεξάρτητα από κάθε εθνικότητα

C'est ce qu'ils font dans les luttes nationales des prolétaires des différents pays

Αυτό κάνουν στους εθνικούς αγώνες των προλετάριων των διαφόρων χωρών

Deuxièmement, ils représentent toujours et partout les intérêts du mouvement dans son ensemble

Δεύτερον, πάντα και παντού εκπροσωπούν τα συμφέροντα του κινήματος στο σύνολό του

c'est ce qu'ils font dans les différents stades de développement par lesquels doit passer la lutte de la classe ouvrière contre la bourgeoisie

Αυτό το κάνουν στα διάφορα στάδια ανάπτυξης, από τα οποία πρέπει να περάσει η πάλη της εργατικής τάξης ενάντια στην αστική τάξη

Les communistes sont donc, d'une part, pratiquement, la section la plus avancée et la plus résolue des partis ouvriers de tous les pays

Οι κομμουνιστές, επομένως, είναι από τη μια μεριά, πρακτικά, το πιο προηγμένο και αποφασιστικό τμήμα των εργατικών κομμάτων κάθε χώρας

Ils sont cette section de la classe ouvrière qui pousse en avant toutes les autres

Είναι εκείνο το τμήμα της εργατικής τάξης που σπρώχνει προς τα εμπρός όλα τα άλλα

Théoriquement, ils ont aussi l'avantage de bien comprendre la ligne de marche

Θεωρητικά, έχουν επίσης το πλεονέκτημα της σαφούς κατανόησης της γραμμής του Μαρτίου

C'est ce qu'ils comprennent mieux par rapport à la grande masse du prolétariat

Αυτό το καταλαβαίνουν καλύτερα σε σύγκριση με τη μεγάλη μάζα του προλεταριάτου

Ils comprennent les conditions et les résultats généraux ultimes du mouvement prolétarien

Κατανοούν τις συνθήκες και τα τελικά γενικά αποτελέσματα του προλεταριακού κινήματος

Le but immédiat du Parti communiste est le même que celui de tous les autres partis prolétariens

Ο άμεσος στόχος του κομμουνιστή είναι ο ίδιος με αυτόν όλων των άλλων προλεταριακών κομμάτων

Leur but est la formation du prolétariat en classe

Στόχος τους είναι η διαμόρφωση του προλεταριάτου σε τάξη

ils visent à renverser la suprématie de la bourgeoisie

στοχεύουν στην ανατροπή της κυριαρχίας της αστικής τάξης

la conquête du pouvoir politique par le prolétariat

Ο αγώνας για την κατάκτηση της πολιτικής εξουσίας από το προλεταριάτο

Les conclusions théoriques des communistes ne sont nullement basées sur des idées ou des principes de réformateurs

Τα θεωρητικά συμπεράσματα των κομμουνιστών δεν βασίζονται καθόλου σε ιδέες ή αρχές ρεφορμιστών

ce ne sont pas des prétendus réformateurs universels qui ont inventé ou découvert les conclusions théoriques des communistes

Δεν ήταν οι επίδοξοι καθολικοί μεταρρυθμιστές που εφηύραν ή ανακάλυψαν τα θεωρητικά συμπεράσματα των κομμουνιστών.

Ils ne font qu'exprimer, en termes généraux, des rapports réels qui naissent d'une lutte de classe existante

Απλώς εκφράζουν, με γενικούς όρους, πραγματικές σχέσεις που πηγάζουν από μια υπάρχουσα ταξική πάλη

Et ils décrivent le mouvement historique qui se déroule sous nos yeux et qui a créé cette lutte des classes

Και περιγράφουν το ιστορικό κίνημα που συμβαίνει κάτω από τα μάτια μας και δημιούργησαν αυτή την ταξική πάλη

L'abolition des rapports de propriété existants n'est pas du tout un trait distinctif du communisme

Η κατάργηση των υπαρχουσών σχέσεων ιδιοκτησίας δεν είναι καθόλου χαρακτηριστικό γνώρισμα του κομμουνισμού

Dans le passé, toutes les relations de propriété ont été continuellement sujettes à des changements historiques

Όλες οι σχέσεις ιδιοκτησίας στο παρελθόν υπόκεινται συνεχώς σε ιστορικές αλλαγές

et ces changements ont été consécutifs au changement des conditions historiques

Και αυτές οι αλλαγές ήταν συνέπεια της αλλαγής των ιστορικών συνθηκών

La Révolution française, par exemple, a aboli la propriété féodale au profit de la propriété bourgeoise

Η Γαλλική Επανάσταση, για παράδειγμα, κατάργησε τη φεουδαρχική ιδιοκτησία υπέρ της αστικής ιδιοκτησίας

Le trait distinctif du communisme n'est pas l'abolition de la propriété, en général

Το χαρακτηριστικό γνώρισμα του κομμουνισμού δεν είναι η κατάργηση της ιδιοκτησίας, γενικά

mais le trait distinctif du communisme, c'est l'abolition de la propriété bourgeoise

Αλλά το χαρακτηριστικό γνώρισμα του κομμουνισμού είναι η κατάργηση της αστικής ιδιοκτησίας

Mais la propriété privée de la bourgeoisie moderne est l'expression ultime et la plus complète du système de production et d'appropriation des produits

Αλλά η ατομική ιδιοκτησία της σύγχρονης αστικής τάξης είναι η τελική και πληρέστερη έκφραση του συστήματος παραγωγής και ιδιοποίησης προϊόντων

C'est l'état final d'un système basé sur les antagonismes de classe, où l'antagonisme de classe est l'exploitation du plus grand nombre par quelques-uns

Είναι η τελική κατάσταση ενός συστήματος που βασίζεται σε ταξικούς ανταγωνισμούς, όπου ο ταξικός ανταγωνισμός είναι η εκμετάλλευση των πολλών από τους λίγους

En ce sens, la théorie des communistes peut se résumer en une seule phrase ; l'abolition de la propriété privée

Με αυτή την έννοια, η θεωρία των κομμουνιστών μπορεί να συνοψιστεί στη μοναδική πρόταση. την κατάργηση της ατομικής ιδιοκτησίας

On nous a reproché, à nous communistes, de vouloir abolir le droit d'acquérir personnellement des biens

Εμείς οι κομμουνιστές κατηγορηθήκαμε για την επιθυμία κατάργησης του δικαιώματος προσωπικής απόκτησης ιδιοκτησίας

On prétend que cette propriété est le fruit du travail de l'homme

Υποστηρίζεται ότι αυτή η ιδιότητα είναι ο καρπός της εργασίας ενός ανθρώπου

et cette propriété est censée être le fondement de toute liberté, de toute activité et de toute indépendance individuelles.

Και αυτή η ιδιοκτησία φέρεται να είναι το θεμέλιο κάθε προσωπικής ελευθερίας, δραστηριότητας και ανεξαρτησίας.

« Propriété durement gagnée, auto-acquise, auto-gagnée ! »

"Σκληρά κερδισμένη, αυτοαποκτηθείσα, αυτοκερδισμένη ιδιοκτησία!"

Voulez-vous dire la propriété du petit artisan et du petit paysan ?

Εννοείτε την ιδιοκτησία του μικροτεχνίτη και του μικρού αγρότη;

Voulez-vous parler d'une forme de propriété qui a précédé la forme bourgeoise ?

Εννοείτε μια μορφή ιδιοκτησίας που προηγήθηκε της μορφής της αστικής τάξης;

Il n'est pas nécessaire de l'abolir, le développement de l'industrie l'a déjà détruit dans une large mesure

Δεν υπάρχει λόγος να καταργηθεί αυτό, η ανάπτυξη της βιομηχανίας την έχει ήδη καταστρέψει σε μεγάλο βαθμό

et le développement de l'industrie continue de la détruire chaque jour

Και η ανάπτυξη της βιομηχανίας εξακολουθεί να την καταστρέφει καθημερινά

Ou voulez-vous parler de la propriété privée de la bourgeoisie moderne ?

Ή μήπως εννοείτε την ατομική ιδιοκτησία της σύγχρονης αστικής τάξης;

Mais le travail salarié crée-t-il une propriété pour l'ouvrier ?

Αλλά η μισθωτή εργασία δημιουργεί κάποια ιδιοκτησία για τον εργάτη;

Non, le travail salarié ne crée pas une parcelle de ce genre de propriété !

Όχι, η μισθωτή εργασία δεν δημιουργεί ούτε ένα κομμάτι αυτού του είδους ιδιοκτησίας!

Ce que le travail salarié crée, c'est du capital ; ce genre de propriété qui exploite le travail salarié

Αυτό που δημιουργεί η μισθωτή εργασία είναι το κεφάλαιο. Αυτό το είδος ιδιοκτησίας που εκμεταλλεύεται τη μισθωτή εργασία

Le capital ne peut s'accroître qu'à la condition d'engendrer une nouvelle offre de travail salarié pour une nouvelle exploitation

Το κεφάλαιο δεν μπορεί να αυξηθεί παρά μόνο υπό τον όρο της δημιουργίας μιας νέας προσφοράς μισθωτής εργασίας για νέα εκμετάλλευση

La propriété, dans sa forme actuelle, est fondée sur l'antagonisme du capital et du salariat

Η ιδιοκτησία, στη σημερινή της μορφή, βασίζεται στον ανταγωνισμό κεφαλαίου και μισθωτής εργασίας

Examinons les deux côtés de cet antagonisme

Ας εξετάσουμε και τις δύο πλευρές αυτού του ανταγωνισμού

Être capitaliste, ce n'est pas seulement avoir un statut purement personnel

Το να είσαι καπιταλιστής σημαίνει να μην έχεις μόνο μια καθαρά προσωπική υπόσταση

Au contraire, être capitaliste, c'est aussi avoir un statut social dans la production

Αντίθετα, το να είσαι καπιταλιστής σημαίνει επίσης να έχεις μια κοινωνική θέση στην παραγωγή

parce que le capital est un produit collectif ; Ce n'est que par l'action unie de nombreux membres qu'elle peut être mise en branle

επειδή το κεφάλαιο είναι ένα συλλογικό προϊόν. Μόνο με την ενωμένη δράση πολλών μελών μπορεί να τεθεί σε κίνηση

Mais cette action unie n'est qu'un dernier recours, et nécessite en fait tous les membres de la société

Αλλά αυτή η ενωμένη δράση είναι η έσχατη λύση, και στην πραγματικότητα απαιτεί όλα τα μέλη της κοινωνίας

Le capital est converti en propriété de tous les membres de la société

Το κεφάλαιο μετατρέπεται σε ιδιοκτησία όλων των μελών της κοινωνίας

mais le Capital n'est donc pas une puissance personnelle ; c'est un pouvoir social

Αλλά το Κεφάλαιο δεν είναι, επομένως, μια προσωπική δύναμη. Είναι μια κοινωνική δύναμη

Ainsi, lorsque le capital est converti en propriété sociale, la propriété personnelle n'est pas pour autant transformée en propriété sociale

Έτσι, όταν το κεφάλαιο μετατρέπεται σε κοινωνική ιδιοκτησία, η προσωπική ιδιοκτησία δεν μετατρέπεται έτσι σε κοινωνική ιδιοκτησία

Ce n'est que le caractère social de la propriété qui est modifié et qui perd son caractère de classe

Μόνο ο κοινωνικός χαρακτήρας της ιδιοκτησίας αλλάζει και χάνει τον ταξικό της χαρακτήρα

Regardons maintenant le travail salarié

Ας δούμε τώρα τη μισθωτή εργασία

Le prix moyen du salariat est le salaire minimum, c'est-à-dire le quantum des moyens de subsistance

Η μέση τιμή της μισθωτής εργασίας είναι ο κατώτατος μισθός, δηλαδή το μέγεθος των μέσων διαβίωσης

Ce salaire est absolument nécessaire dans la simple existence d'un ouvrier

Αυτός ο μισθός είναι απολύτως απαραίτητος για την ύπαρξη ενός εργάτη

Ce que le salarié s'approprie par son travail ne suffit donc qu'à prolonger et à reproduire une existence nue

Ό,τι λοιπόν ιδιοποιείται ο μισθωτός εργάτης μέσω της εργασίας του, αρκεί απλώς για να παρατείνει και να αναπαράγει μια γυμνή ύπαρξη

Nous n'avons nullement l'intention d'abolir cette appropriation personnelle des produits du travail

Σε καμία περίπτωση δεν σκοπεύουμε να καταργήσουμε αυτή την προσωπική ιδιοποίηση των προϊόντων της εργασίας

une appropriation qui est faite pour le maintien et la reproduction de la vie humaine

πίστωση που προορίζεται για τη διατήρηση και την αναπαραγωγή της ανθρώπινης ζωής

Une telle appropriation personnelle des produits du travail ne laisse pas de surplus pour commander le travail d'autrui

Μια τέτοια προσωπική ιδιοποίηση των προϊόντων της εργασίας δεν αφήνει κανένα πλεόνασμα για να διευθύνει την εργασία των άλλων

Tout ce que nous voulons supprimer, c'est le caractère misérable de cette appropriation

Το μόνο που θέλουμε να καταργήσουμε είναι ο άθλιος χαρακτήρας αυτής της πίστωσης

l'appropriation dont vit l'ouvrier dans le seul but d'augmenter son capital

Η ιδιοποίηση κάτω από την οποία ζει ο εργάτης μόνο και μόνο για να αυξήσει το κεφάλαιο

Il n'est autorisé à vivre que dans la mesure où l'intérêt de la classe dominante l'exige

Του επιτρέπεται να ζει μόνο στο βαθμό που το απαιτεί το συμφέρον της άρχουσας τάξης

Dans la société bourgeoise, le travail vivant n'est qu'un moyen d'augmenter le travail accumulé

Στην αστική κοινωνία, η ζωντανή εργασία δεν είναι παρά ένα μέσο για την αύξηση της συσσωρευμένης εργασίας

Dans la société communiste, le travail accumulé n'est qu'un moyen d'élargir, d'enrichir, de promouvoir l'existence de l'ouvrier

Στην κομμουνιστική κοινωνία, η συσσωρευμένη εργασία δεν είναι παρά ένα μέσο διεύρυνσης, πλουτισμού, προώθησης της ύπαρξης του εργάτη

C'est pourquoi, dans la société bourgeoise, le passé domine le présent

Στην αστική κοινωνία, επομένως, το παρελθόν κυριαρχεί στο παρόν

dans la société communiste, le présent domine le passé

στην κομμουνιστική κοινωνία το παρόν κυριαρχεί στο παρελθόν

Dans la société bourgeoise, le capital est indépendant et a une individualité

Στην αστική κοινωνία το κεφάλαιο είναι ανεξάρτητο και έχει ατομικότητα

Dans la société bourgeoise, la personne vivante est dépendante et n'a pas d'individualité

Στην αστική κοινωνία ο ζωντανός άνθρωπος είναι εξαρτημένος και δεν έχει ατομικότητα

Et l'abolition de cet état de choses est appelée par la bourgeoisie l'abolition de l'individualité et de la liberté !

Και η κατάργηση αυτής της κατάστασης πραγμάτων ονομάζεται από την αστική τάξη, κατάργηση της ατομικότητας και της ελευθερίας!

Et c'est à juste titre qu'on l'appelle l'abolition de l'individualité et de la liberté !

Και δικαίως ονομάζεται κατάργηση της ατομικότητας και της ελευθερίας!

Le communisme vise à l'abolition de l'individualité bourgeoise

Ο κομμουνισμός στοχεύει στην κατάργηση της αστικής ατομικότητας

Le communisme veut l'abolition de l'indépendance de la bourgeoisie

Ο κομμουνισμός σκοπεύει στην κατάργηση της αστικής ανεξαρτησίας

La liberté de la bourgeoisie est sans aucun doute ce que vise le communisme

Η ελευθερία της αστικής τάξης είναι αναμφίβολα αυτό στο οποίο στοχεύει ο κομμουνισμός

dans les conditions actuelles de production de la bourgeoisie, la liberté signifie le libre-échange, la liberté de vendre et d'acheter

Στις σημερινές αστικές συνθήκες παραγωγής, ελευθερία σημαίνει ελεύθερο εμπόριο, ελεύθερη πώληση και αγορά

Mais si la vente et l'achat disparaissent, la vente et l'achat gratuits disparaissent également

Αλλά αν η πώληση και η αγορά εξαφανιστούν, η ελεύθερη πώληση και η αγορά εξαφανίζονται επίσης

Les « paroles courageuses » de la bourgeoisie sur la vente et l'achat libres n'ont qu'un sens limité

Τα «γενναία λόγια» της αστικής τάξης για την ελεύθερη πώληση και αγορά έχουν νόημα μόνο με μια περιορισμένη έννοια

Ces mots n'ont de sens que par opposition à la vente et à l'achat restreints

Αυτές οι λέξεις έχουν νόημα μόνο σε αντίθεση με τις περιορισμένες πωλήσεις και αγορές

et ces mots n'ont de sens que lorsqu'ils s'appliquent aux marchands enchaînés du moyen âge

Και αυτές οι λέξεις έχουν νόημα μόνο όταν εφαρμόζονται στους δέσμιους εμπόρους του Μεσαίωνα

et cela suppose que ces mots aient même un sens dans un sens bourgeois

Και αυτό προϋποθέτει ότι αυτές οι λέξεις έχουν νόημα ακόμη και με την αστική έννοια

mais ces mots n'ont aucun sens lorsqu'ils sont utilisés pour s'opposer à l'abolition communiste de l'achat et de la vente

αλλά αυτές οι λέξεις δεν έχουν νόημα όταν
χρησιμοποιούνται για να αντιταχθούν στην κομμουνιστική
κατάργηση της αγοράς και της πώλησης

**les mots n'ont pas de sens lorsqu'ils sont utilisés pour
s'opposer à l'abolition des conditions de production de la
bourgeoisie**

Οι λέξεις δεν έχουν κανένα νόημα όταν χρησιμοποιούνται
για να αντιταχθούν στην κατάργηση των όρων παραγωγής
της αστικής τάξης

**et ils n'ont aucun sens lorsqu'ils sont utilisés pour s'opposer
à l'abolition de la bourgeoisie elle-même**

και δεν έχουν κανένα νόημα όταν χρησιμοποιούνται για να
αντιταχθούν στην κατάργηση της ίδιας της αστικής τάξης

**Vous êtes horrifiés par notre intention d'en finir avec la
propriété privée**

Είστε τρομοκρατημένοι από την πρόθεσή μας να
καταργήσουμε την ιδιωτική ιδιοκτησία

**Mais dans votre société actuelle, la propriété privée est déjà
abolie pour les neuf dixièmes de la population**

Αλλά στην υπάρχουσα κοινωνία σας, η ιδιωτική ιδιοκτησία
έχει ήδη καταργηθεί για τα εννέα δέκατα του πληθυσμού

**L'existence d'une propriété privée pour quelques-uns est
uniquement due à sa non-existence entre les mains des neuf
dixièmes de la population**

Η ύπαρξη ιδιωτικής ιδιοκτησίας για τους λίγους οφείλεται
αποκλειστικά στην ανυπαρξία της στα χέρια των εννέα
δεκάτων του πληθυσμού

**Vous nous reprochez donc d'avoir l'intention de supprimer
une forme de propriété**

Μας κατηγορείτε, λοιπόν, ότι σκοπεύουμε να
καταργήσουμε μια μορφή ιδιοκτησίας

**Mais la propriété privée nécessite l'inexistence de toute
propriété pour l'immense majorité de la société**

Αλλά η ατομική ιδιοκτησία απαιτεί την ανυπαρξία
οποιασδήποτε ιδιοκτησίας για την τεράστια πλειοψηφία
της κοινωνίας

En un mot, vous nous reprochez d'avoir l'intention de vous débarrasser de vos biens

Με μια λέξη, μας κατηγορείτε ότι σκοπεύουμε να καταργήσουμε την περιουσία σας

Et c'est précisément le cas ; se débarrasser de votre propriété est exactement ce que nous avons l'intention de faire

Και είναι ακριβώς έτσι. Η κατάργηση του ακινήτου σας είναι ακριβώς αυτό που σκοπεύουμε

À partir du moment où le travail ne peut plus être converti en capital, en argent ou en rente

Από τη στιγμή που η εργασία δεν μπορεί πλέον να μετατραπεί σε κεφάλαιο, χρήμα ή ενοίκιο

quand le travail ne peut plus être converti en un pouvoir social monopolisé

όταν η εργασία δεν μπορεί πλέον να μετατραπεί σε κοινωνική δύναμη ικανή να μονοπωληθεί

à partir du moment où la propriété individuelle ne peut plus être transformée en propriété bourgeoise

από τη στιγμή που η ατομική ιδιοκτησία δεν μπορεί πλέον να μετατραπεί σε αστική ιδιοκτησία

à partir du moment où la propriété individuelle ne peut plus être transformée en capital

από τη στιγμή που η ατομική ιδιοκτησία δεν μπορεί πλέον να μετατραπεί σε κεφάλαιο

À partir de ce moment-là, vous dites que l'individualité s'évanouit

Από εκείνη τη στιγμή, λέτε ότι η ατομικότητα εξαφανίζεται

Vous devez donc avouer que par « individu » vous n'entendez personne d'autre que la bourgeoisie

Πρέπει, επομένως, να ομολογήσετε ότι με τον όρο «άτομο» δεν εννοείτε κανένα άλλο πρόσωπο εκτός από την αστική τάξη

Vous devez avouer qu'il s'agit spécifiquement du propriétaire de la classe moyenne

Πρέπει να ομολογήσετε ότι αναφέρεται συγκεκριμένα στον ιδιοκτήτη ιδιοκτησίας της μεσαίας τάξης

Cette personne doit, en effet, être balayée et rendue impossible

Αυτό το άτομο πρέπει, πράγματι, να παρασυρθεί από τη μέση και να καταστεί αδύνατο

Le communisme ne prive personne du pouvoir de s'approprier les produits de la société

Ο κομμουνισμός δεν στερεί από κανέναν άνθρωπο τη δύναμη να ιδιοποιηθεί τα προϊόντα της κοινωνίας

tout ce que fait le communisme, c'est de le priver du pouvoir de subjuguer le travail d'autrui au moyen d'une telle appropriation

Το μόνο που κάνει ο κομμουνισμός είναι να του στερεί τη δύναμη να υποτάσσει την εργασία των άλλων μέσω μιας τέτοιας ιδιοποίησης

On a objecté qu'avec l'abolition de la propriété privée, tout travail cesserait

Έχει διατυπωθεί η αντίρρηση ότι με την κατάργηση της ατομικής ιδιοκτησίας θα σταματήσει κάθε εργασία

et il est alors suggéré que la paresse universelle nous rattrapera

Και τότε προτείνεται ότι η καθολική τεμπελιά θα μας ξεπεράσει

D'après cela, il y a longtemps que la société bourgeoise aurait dû aller aux chiens par pure oisiveté

Σύμφωνα με αυτό, η αστική κοινωνία θα έπρεπε εδώ και πολύ καιρό να είχε πάει στα σκυλιά από καθαρή αδράνεια

parce que ceux de ses membres qui travaillent, n'acquièrent rien

γιατί όσα από τα μέλη της εργάζονται, δεν αποκτούν τίποτα

et ceux de ses membres qui acquièrent quoi que ce soit, ne travaillent pas

Και εκείνα από τα μέλη της που αποκτούν οτιδήποτε, δεν εργάζονται

L'ensemble de cette objection n'est qu'une autre expression de la tautologie

Το σύνολο αυτής της αντίρρησης δεν είναι παρά μια άλλη έκφραση της ταυτολογίας

Il ne peut plus y avoir de travail salarié quand il n'y a plus de capital

Δεν μπορεί πλέον να υπάρχει μισθωτή εργασία όταν δεν υπάρχει πλέον κεφάλαιο

Il n'y a pas de différence entre les produits matériels et les produits mentaux

Δεν υπάρχει διαφορά μεταξύ υλικών προϊόντων και διανοητικών προϊόντων

Le communisme propose que les deux soient produits de la même manière

Ο κομμουνισμός προτείνει ότι και τα δύο αυτά παράγονται με τον ίδιο τρόπο

mais les objections contre les modes communistes de production sont les mêmes

αλλά οι αντιρρήσεις ενάντια στους κομμουνιστικούς τρόπους παραγωγής τους είναι οι ίδιες

pour la bourgeoisie, la disparition de la propriété de classe est la disparition de la production elle-même

Για την αστική τάξη η εξαφάνιση της ταξικής ιδιοκτησίας είναι η εξαφάνιση της ίδιας της παραγωγής

Ainsi, la disparition de la culture de classe est pour lui identique à la disparition de toute culture

Έτσι, η εξαφάνιση της ταξικής κουλτούρας είναι γι' αυτόν ταυτόσημη με την εξαφάνιση κάθε πολιτισμού

Cette culture, dont il déplore la perte, n'est pour l'immense majorité qu'un simple entraînement à agir comme une machine

Αυτή η κουλτούρα, για την απώλεια της οποίας θρηνεί, είναι για τη συντριπτική πλειοψηφία μια απλή εκπαίδευση για να ενεργεί ως μηχανή

Les communistes ont bien l'intention d'abolir la culture de la propriété bourgeoise

Οι κομμουνιστές σκοπεύουν πάρα πολύ να καταργήσουν την κουλτούρα της αστικής ιδιοκτησίας

Mais ne vous querellez pas avec nous tant que vous appliquez les normes de vos notions bourgeoises de liberté, de culture, de droit, etc

Αλλά μην μαλώνετε μαζί μας όσο εφαρμόζετε το πρότυπο των αστικών σας εννοιών της ελευθερίας, του πολιτισμού, του νόμου κλπ

Vos idées mêmes ne sont que le résultat des conditions de votre production bourgeoise et de la propriété bourgeoise

Οι ίδιες οι ιδέες σας δεν είναι παρά το αποτέλεσμα των συνθηκών της αστικής σας παραγωγής και της αστικής ιδιοκτησίας

de même que votre jurisprudence n'est que la volonté de votre classe érigée en loi pour tous

Ακριβώς όπως η νομολογία σας δεν είναι παρά η θέληση της τάξης σας που έγινε νόμος για όλους

Le caractère essentiel et l'orientation de cette volonté sont déterminés par les conditions économiques créées par votre classe sociale

Ο ουσιαστικός χαρακτήρας και η κατεύθυνση αυτής της θέλησης καθορίζονται από τις οικονομικές συνθήκες που δημιουργεί η κοινωνική σας τάξη

L'idée fausse égoïste qui vous pousse à transformer les formes sociales en lois éternelles de la nature et de la raison

Η εγωιστική παρανόηση που σας ωθεί να μεταμορφώσετε τις κοινωνικές μορφές σε αιώνιους νόμους της φύσης και της λογικής

les formes sociales qui découlent de votre mode de production et de votre forme de propriété actuels

Οι κοινωνικές μορφές που πηγάζουν από τον τωρινό τρόπο παραγωγής και μορφής ιδιοκτησίας

des rapports historiques qui naissent et disparaissent dans le progrès de la production

Ιστορικές σχέσεις που αναδύονται και εξαφανίζονται στην πρόοδο της παραγωγής

cette idée fausse que vous partagez avec toutes les classes dirigeantes qui vous ont précédés

Αυτή την παρανόηση που μοιράζεστε με κάθε άρχουσα τάξη που έχει προηγηθεί από εσάς

Ce que vous voyez clairement dans le cas de la propriété ancienne, ce que vous admettez dans le cas de la propriété féodale

Τι βλέπετε καθαρά στην περίπτωση της αρχαίας ιδιοκτησίας, τι παραδέχεστε στην περίπτωση της φεουδαρχικής ιδιοκτησίας

ces choses, il vous est bien entendu interdit de les admettre dans le cas de votre propre forme de propriété bourgeoise

Αυτά τα πράγματα φυσικά απαγορεύεται να τα παραδεχτείς στην περίπτωση της δικής σου αστικής αστικής τάξης

Abolition de la famille ! Même les plus radicaux s'enflamment devant cette infâme proposition des communistes

Κατάργηση της οικογένειας! Ακόμα και οι πιο ριζοσπαστικοί φουντώνουν σε αυτή την περιβόητη πρόταση των κομμουνιστών

Sur quelle base se fonde la famille actuelle, la famille bourgeoise ?

Σε ποια βάση βασίζεται η σημερινή οικογένεια, η οικογένεια της μπουρζουαζίας;

La fondation de la famille actuelle est basée sur le capital et le gain privé

Η ίδρυση της σημερινής οικογένειας βασίζεται στο κεφάλαιο και το ιδιωτικό κέρδος

Sous sa forme complètement développée, cette famille n'existe que dans la bourgeoisie

Στην πλήρως αναπτυγμένη μορφή της, αυτή η οικογένεια υπάρχει μόνο μέσα στην αστική τάξη

Cet état de choses trouve son complément dans l'absence pratique de la famille chez les prolétaires

Αυτή η κατάσταση πραγμάτων βρίσκει το συμπλήρωμά της στην πρακτική απουσία της οικογένειας ανάμεσα στους προλετάριους

Cet état de choses se retrouve dans la prostitution publique

Αυτή η κατάσταση πραγμάτων μπορεί να βρεθεί στη δημόσια πορνεία

La famille bourgeoise disparaîtra d'office quand son effectif disparaîtra

Η οικογένεια της μπουρζουαζίας θα εξαφανιστεί όπως είναι φυσικό όταν εξαφανιστεί το συμπλήρωμά της

et l'une et l'autre s'évanouiront avec la disparition du capital

Και οι δύο αυτές θα εξαφανιστούν με την εξαφάνιση του κεφαλαίου

Nous accusez-vous de vouloir mettre fin à l'exploitation des enfants par leurs parents ?

Μας κατηγορείτε ότι θέλουμε να σταματήσουμε την εκμετάλλευση των παιδιών από τους γονείς τους;

Nous plaidons coupables de ce crime

Σε αυτό το έγκλημα παραδεχόμαστε την ενοχή μας

Mais, direz-vous, on détruit les relations les plus sacrées, quand on remplace l'éducation à domicile par l'éducation sociale

Αλλά, θα πείτε, καταστρέφουμε τις πιο ιερές σχέσεις, όταν αντικαθιστούμε την εκπαίδευση στο σπίτι με την κοινωνική εκπαίδευση

Votre éducation n'est-elle pas aussi sociale ? Et n'est-elle pas déterminée par les conditions sociales dans lesquelles vous éduquez ?

Η εκπαίδευσή σας δεν είναι επίσης κοινωνική; Και δεν καθορίζεται από τις κοινωνικές συνθήκες κάτω από τις οποίες εκπαιδεύετε;

par l'intervention, directe ou indirecte, de la société, par le biais de l'école, etc.

με την παρέμβαση, άμεση ή έμμεση, της κοινωνίας, μέσω των σχολείων κ.λπ.

Les communistes n'ont pas inventé l'intervention de la société dans l'éducation

Οι κομμουνιστές δεν εφηύραν την παρέμβαση της κοινωνίας στην εκπαίδευση

ils ne cherchent qu'à modifier le caractère de cette intervention

Δεν επιδιώκουν παρά να αλλοιώσουν τον χαρακτήρα αυτής της παρεμβάσεως

et ils cherchent à sauver l'éducation de l'influence de la classe dirigeante

Και επιδιώκουν να διασώσουν την εκπαίδευση από την επιρροή της άρχουσας τάξης

La bourgeoisie parle de la relation sacrée du parent et de l'enfant

Η αστική τάξη μιλά για την αγιασμένη σχέση γονέα και παιδιού

mais ce baratin sur la famille et l'éducation devient d'autant plus répugnant quand on regarde l'industrie moderne

Αλλά αυτή η παγίδα για την οικογένεια και την εκπαίδευση γίνεται όλο και πιο αηδιαστική όταν κοιτάζουμε τη σύγχρονη βιομηχανία

Tous les liens familiaux entre les prolétaires sont déchirés par l'industrie moderne

Όλοι οι οικογενειακοί δεσμοί μεταξύ των προλετάριων σπαράσσονται από τη σύγχρονη βιομηχανία

Leurs enfants sont transformés en simples objets de commerce et en instruments de travail

Τα παιδιά τους μετατρέπονται σε απλά αντικείμενα εμπορίου και εργαλεία εργασίας

Mais vous, communistes, vous créeriez une communauté de femmes, crie en chœur toute la bourgeoisie

Αλλά εσείς οι κομμουνιστές θα δημιουργούσατε μια κοινότητα γυναικών, φωνάζει εν χορώ ολόκληρη η αστική τάξη

La bourgeoisie ne voit en sa femme qu'un instrument de production

Η αστική τάξη βλέπει στη γυναίκα του ένα απλό εργαλείο παραγωγής

Il entend dire que les instruments de production doivent être exploités par tous

Ακούει ότι τα μέσα παραγωγής πρέπει να τα
εκμεταλλεύονται όλοι

**et, naturellement, il ne peut arriver à aucune autre
conclusion que celle d'être commun à tous retombera
également sur les femmes**

Και, φυσικά, δεν μπορεί να καταλήξει σε άλλο
συμπέρασμα από το ότι η μοίρα του να είναι κοινή για
όλους θα πέσει επίσης στις γυναίκες

**Il ne soupçonne même pas qu'il s'agit en fait d'en finir avec
le statut de la femme en tant que simple instrument de
production**

Δεν έχει καν την παραμικρή υποψία ότι το πραγματικό
ζήτημα είναι να καταργηθεί η θέση των γυναικών ως
απλών μέσων παραγωγής

**Du reste, rien n'est plus ridicule que l'indignation vertueuse
de notre bourgeoisie contre la communauté des femmes**

Για τα υπόλοιπα, τίποτα δεν είναι πιο γελοίο από την
ενάρετη αγανάκτηση της αστικής μας τάξης για την
κοινότητα των γυναικών

**ils prétendent qu'elle doit être établie ouvertement et
officiellement par les communistes**

προσποιούνται ότι πρόκειται να καθιερωθεί ανοιχτά και
επίσημα από τους κομμουνιστές

**Les communistes n'ont pas besoin d'introduire la
communauté des femmes, elle existe depuis des temps
immémoriaux**

Οι κομμουνιστές δεν έχουν ανάγκη να εισαγάγουν
κοινότητα γυναικών, υπάρχει σχεδόν από αμνημονεύτων
χρόνων

**Notre bourgeoisie ne se contente pas d'avoir à sa disposition
les femmes et les filles de ses prolétaires**

Η αστική μας τάξη δεν αρκείται στο να έχει στη διάθεσή
της τις συζύγους και τις κόρες των προλετάριων της

**Ils prennent le plus grand plaisir à séduire les femmes de
l'autre**

Παίρνουν τη μεγαλύτερη ευχαρίστηση να αποπλανούν ο ένας τις συζύγους του άλλου

Et cela ne parle même pas des prostituées ordinaires

Και αυτό δεν είναι καν για να μιλήσουμε για κοινές

Le mariage bourgeois est en réalité un système d'épouses en commun

Ο αστικός γάμος είναι στην πραγματικότητα ένα κοινό σύστημα συζύγων

puis il y a une chose qu'on pourrait peut-être reprocher aux communistes

τότε υπάρχει ένα πράγμα για το οποίο θα μπορούσαν ενδεχομένως να κατηγορηθούν οι κομμουνιστές

Ils souhaitent introduire une communauté de femmes ouvertement légalisée

επιθυμούν να εισαγάγουν μια ανοιχτά νομιμοποιημένη κοινότητα γυναικών

plutôt qu'une communauté de femmes hypocritement dissimulée

αντί για μια υποκριτικά κρυμμένη κοινότητα γυναικών

la communauté des femmes issues du système de production

Η κοινότητα των γυναικών που ξεπηδά από το σύστημα παραγωγής

Abolissez le système de production, et vous abolissez la communauté des femmes

Καταργήστε το σύστημα παραγωγής και καταργείτε την κοινότητα των γυναικών

La prostitution publique est abolie et la prostitution privée

Τόσο η δημόσια πορνεία καταργείται όσο και η ιδιωτική πορνεία

On reproche en outre aux communistes de vouloir abolir les pays et les nationalités

Οι κομμουνιστές κατηγορούνται όλο και περισσότερο ότι επιθυμούν να καταργήσουν χώρες και εθνότητες

Les travailleurs n'ont pas de patrie, nous ne pouvons donc pas leur prendre ce qu'ils n'ont pas

Οι εργαζόμενοι δεν έχουν πατρίδα, οπότε δεν μπορούμε να τους πάρουμε αυτό που δεν έχουν

Le prolétariat doit d'abord acquérir la suprématie politique

Το προλεταριάτο πρέπει πρώτα απ' όλα να αποκτήσει πολιτική υπεροχή

Le prolétariat doit s'élever pour être la classe dirigeante de la nation

Το προλεταριάτο πρέπει να αναδειχθεί σε ηγετική τάξη του έθνους

Le prolétariat doit se constituer en nation

Το προλεταριάτο πρέπει να συγκροτήσει το ίδιο το έθνος

elle est, jusqu'à présent, elle-même nationale, mais pas dans le sens bourgeois du mot

Είναι, μέχρι στιγμής, η ίδια εθνική, αν και όχι με την αστική έννοια της λέξης

Les différences nationales et les antagonismes entre les peuples s'estompent chaque jour davantage

Οι εθνικές διαφορές και ανταγωνισμοί μεταξύ των λαών εξαφανίζονται καθημερινά όλο και περισσότερο

grâce au développement de la bourgeoisie, à la liberté du commerce, au marché mondial

λόγω της ανάπτυξης της αστικής τάξης, της ελευθερίας του εμπορίου, της παγκόσμιας αγοράς

à l'uniformité du mode de production et des conditions de vie qui y correspondent

στην ομοιομορφία του τρόπου παραγωγής και των συνθηκών ζωής που αντιστοιχούν σε αυτόν·

La suprématie du prolétariat les fera disparaître encore plus vite

Η υπεροχή του προλεταριάτου θα τους κάνει να εξαφανιστούν ακόμα πιο γρήγορα

L'action unie, du moins dans les principaux pays civilisés, est une des premières conditions de l'émancipation du prolétariat

Η ενωμένη δράση, τουλάχιστον των ηγετικών
πολιτισμένων χωρών, είναι ένας από τους πρώτους όρους
για τη χειραφέτηση του προλεταριάτου

**Dans la mesure où l'exploitation d'un individu par un autre
prendra fin, l'exploitation d'une nation par une autre
prendra également fin à**

Ανάλογα με το τέλος της εκμετάλλευσης ενός ατόμου από
ένα άλλο, θα τεθεί επίσης τέλος στην εκμετάλλευση ενός
έθνους από ένα άλλο

**À mesure que l'antagonisme entre les classes à l'intérieur de
la nation disparaîtra, l'hostilité d'une nation envers une
autre prendra fin**

Ανάλογα με την εξαφάνιση του ανταγωνισμού μεταξύ των
τάξεων μέσα στο έθνος, η εχθρότητα του ενός έθνους προς
το άλλο θα τελειώσει

**Les accusations portées contre le communisme d'un point de
vue religieux, philosophique et, en général, idéologique, ne
méritent pas d'être examinées sérieusement**

Οι κατηγορίες εναντίον του κομμουνισμού που
διατυπώνονται από θρησκευτική, φιλοσοφική και, γενικά,
ιδεολογική άποψη, δεν αξίζουν σοβαρής εξέτασης

**Faut-il une intuition profonde pour comprendre que les
idées, les vues et les conceptions de l'homme changent à
chaque changement dans les conditions de son existence
matérielle ?**

Χρειάζεται βαθιά διαίσθηση για να κατανοήσουμε ότι οι
ιδέες, οι απόψεις και οι αντιλήψεις του ανθρώπου
αλλάζουν με κάθε αλλαγή στις συνθήκες της υλικής του
ύπαρξης;

**N'est-il pas évident que la conscience de l'homme change
lorsque ses relations sociales et sa vie sociale changent ?**

Δεν είναι φανερό ότι η συνείδηση του ανθρώπου αλλάζει
όταν αλλάζουν οι κοινωνικές του σχέσεις και η κοινωνική
του ζωή;

Qu'est-ce que l'histoire des idées prouve d'autre, sinon que la production intellectuelle change de caractère à mesure que la production matérielle se modifie ?

Τι άλλο αποδεικνύει η ιστορία των ιδεών, από το ότι η πνευματική παραγωγή αλλάζει τον χαρακτήρα της ανάλογα με την αλλαγή της υλικής παραγωγής;

Les idées dominantes de chaque époque ont toujours été les idées de sa classe dirigeante

Οι κυρίαρχες ιδέες κάθε εποχής ήταν πάντα οι ιδέες της άρχουσας τάξης της

Quand on parle d'idées qui révolutionnent la société, on n'exprime qu'un seul fait

Όταν οι άνθρωποι μιλούν για ιδέες που φέρνουν επανάσταση στην κοινωνία, εκφράζουν μόνο ένα γεγονός

Au sein de l'ancienne société, les éléments d'une nouvelle société ont été créés

Μέσα στην παλιά κοινωνία, τα στοιχεία μιας νέας έχουν δημιουργηθεί

et que la dissolution des vieilles idées va de pair avec la dissolution des anciennes conditions d'existence

και ότι η διάλυση των παλιών ιδεών συμβαδίζει με τη διάλυση των παλιών συνθηκών ύπαρξης

Lorsque le monde antique était dans ses dernières affresses, les anciennes religions ont été vaincues par le christianisme

Όταν ο αρχαίος κόσμος βρισκόταν στην τελευταία του αγωνία, οι αρχαίες θρησκείες ξεπεράστηκαν από τον Χριστιανισμό

Lorsque les idées chrétiennes ont succombé au XVIIIe siècle aux idées rationalistes, la société féodale a mené une bataille à mort contre la bourgeoisie alors révolutionnaire

Όταν οι χριστιανικές ιδέες υπέκυψαν τον 18ο αιώνα στις ορθολογιστικές ιδέες, η φεουδαρχική κοινωνία έδωσε τη μάχη του θανάτου της με την τότε επαναστατική αστική τάξη

Les idées de liberté religieuse et de liberté de conscience n'ont fait qu'exprimer l'emprise de la libre concurrence dans le domaine de la connaissance

Οι ιδέες της θρησκευτικής ελευθερίας και της ελευθερίας συνείδησης απλώς εξέφρασαν την κυριαρχία του ελεύθερου ανταγωνισμού στο πεδίο της γνώσης

« Sans doute, dira-t-on, les idées religieuses, morales, philosophiques et juridiques ont été modifiées au cours du développement historique »

«Αναμφίβολα», θα ειπωθεί, «οι θρησκευτικές, ηθικές, φιλοσοφικές και νομικές ιδέες έχουν τροποποιηθεί κατά τη διάρκεια της ιστορικής εξέλιξης»

Mais la religion, la morale, la philosophie, la science politique et le droit ont constamment survécu à ce changement.

«Αλλά η θρησκεία, η ηθική, η φιλοσοφία, η πολιτική επιστήμη και το δίκαιο, επιβίωναν συνεχώς από αυτή την αλλαγή»

« Il y a aussi des vérités éternelles, telles que la Liberté, la Justice, etc. »

«Υπάρχουν και αιώνιες αλήθειες, όπως η Ελευθερία, η Δικαιοσύνη κ.λπ.»

« Ces vérités éternelles sont communes à tous les états de la société »

«Αυτές οι αιώνιες αλήθειες είναι κοινές σε όλες τις καταστάσεις της κοινωνίας»

« Mais le communisme abolit les vérités éternelles, il abolit toute religion et toute morale »

«Αλλά ο κομμουνισμός καταργεί τις αιώνιες αλήθειες, καταργεί κάθε θρησκεία και κάθε ηθική»

« il fait cela au lieu de les constituer sur une nouvelle base »

«Το κάνει αυτό αντί να τα συγκροτεί σε μια νέα βάση»

« Elle agit donc en contradiction avec toute l'expérience historique passée »

«Επομένως, ενεργεί σε αντίθεση με όλη την ιστορική εμπειρία του παρελθόντος»

À quoi se réduit cette accusation ?

Σε τι περιορίζεται αυτή η κατηγορία;

L'histoire de toute la société passée a consisté dans le développement d'antagonismes de classe

Η ιστορία όλης της κοινωνίας του παρελθόντος συνίστατο στην ανάπτυξη ταξικών ανταγωνισμών

antagonismes qui ont pris des formes différentes selon les époques

Ανταγωνισμοί που πήραν διαφορετικές μορφές σε διαφορετικές εποχές

Mais quelle que soit la forme qu'ils aient prise, un fait est commun à tous les âges passés

Αλλά όποια μορφή κι αν έχουν πάρει, ένα γεγονός είναι κοινό σε όλες τις περασμένες εποχές

l'exploitation d'une partie de la société par l'autre

την εκμετάλλευση ενός μέρους της κοινωνίας από το άλλο

Il n'est donc pas étonnant que la conscience sociale des âges passés se meuve à l'intérieur de certaines formes communes ou d'idées générales

Δεν είναι περίεργο, λοιπόν, ότι η κοινωνική συνείδηση των περασμένων εποχών κινείται μέσα σε ορισμένες κοινές μορφές ή γενικές ιδέες

(et ce, malgré toute la multiplicité et la variété qu'il affiche)

(και αυτό παρά την πολλαπλότητα και την ποικιλία που επιδεικνύει)

et ceux-ci ne peuvent disparaître complètement qu'avec la disparition totale des antagonismes de classe

Και αυτά δεν μπορούν να εξαφανιστούν εντελώς παρά μόνο με την πλήρη εξαφάνιση των ταξικών ανταγωνισμών

La révolution communiste est la rupture la plus radicale avec les rapports de propriété traditionnels

Η κομμουνιστική επανάσταση είναι η πιο ριζική ρήξη με τις παραδοσιακές σχέσεις ιδιοκτησίας

Il n'est donc pas étonnant que son développement implique la rupture la plus radicale avec les idées traditionnelles

Δεν είναι περίεργο ότι η ανάπτυξή της συνεπάγεται την πιο ριζική ρήξη με τις παραδοσιακές ιδέες

Mais finissons-en avec les objections de la bourgeoisie contre le communisme

Αλλά ας τελειώσουμε με τις αντιρρήσεις της αστικής τάξης για τον κομμουνισμό

Nous avons vu plus haut le premier pas de la révolution de la classe ouvrière

Είδαμε παραπάνω το πρώτο βήμα της επανάστασης από την εργατική τάξη

Le prolétariat doit être élevé à la position de dirigeant, pour gagner la bataille de la démocratie

Το προλεταριάτο πρέπει να ανυψωθεί σε θέση εξουσίας, για να κερδίσει τη μάχη της δημοκρατίας

Le prolétariat usera de sa suprématie politique pour arracher peu à peu tout le capital à la bourgeoisie

Το προλεταριάτο θα χρησιμοποιήσει την πολιτική του υπεροχή για να αποσπάσει, βαθμιαία, όλο το κεφάλαιο από την αστική τάξη

elle centralisera tous les instruments de production entre les mains de l'État

θα συγκεντρώσει όλα τα μέσα παραγωγής στα χέρια του κράτους

En d'autres termes, le prolétariat s'est organisé en classe dominante

Με άλλα λόγια, το προλεταριάτο οργανωμένο ως άρχουσα τάξη

et elle augmentera le plus rapidement possible le total des forces productives

Και θα αυξήσει το σύνολο των παραγωγικών δυνάμεων όσο το δυνατόν γρηγορότερα

Bien sûr, au début, cela ne peut se faire qu'au moyen d'incursions despotiques dans les droits de propriété

Φυσικά, στην αρχή, αυτό δεν μπορεί να επιτευχθεί παρά μόνο μέσω δεσποτικών επιδρομών στα δικαιώματα ιδιοκτησίας

et elle doit être réalisée dans les conditions de la production bourgeoise

και πρέπει να επιτευχθεί στις συνθήκες της αστικής παραγωγής

Elle est donc réalisée au moyen de mesures qui semblent économiquement insuffisantes et intenables

Επομένως, επιτυγχάνεται με μέτρα που φαίνονται οικονομικά ανεπαρκή και αβάσιμα

mais ces moyens, dans le cours du mouvement, se dépassent d'eux-mêmes

Αλλά αυτά τα μέσα, κατά τη διάρκεια του κινήματος, ξεπερνούν τον εαυτό τους

elles nécessitent de nouvelles incursions dans l'ancien ordre social

Απαιτούν περαιτέρω επιδρομές στην παλιά κοινωνική τάξη

et ils sont inévitables comme moyen de révolutionner entièrement le mode de production

Και είναι αναπόφευκτες ως μέσο πλήρους επαναστατικοποίησης του τρόπου παραγωγής

Ces mesures seront bien sûr différentes selon les pays

Τα μέτρα αυτά θα είναι φυσικά διαφορετικά στις διάφορες χώρες

Néanmoins, dans les pays les plus avancés, ce qui suit sera assez généralement applicable

Παρ' όλα αυτά, στις πιο προηγμένες χώρες, τα ακόλουθα θα ισχύουν αρκετά γενικά

1. L'abolition de la propriété foncière et l'affectation de toutes les rentes foncières à des fins publiques.

1. Κατάργηση της ιδιοκτησίας στη γη και διάθεση όλων των ενοικίων γης για δημόσιους σκοπούς.

2. Un impôt sur le revenu progressif ou progressif lourd.

2. Βαρύς προοδευτικός ή κλιμακωτός φόρος εισοδήματος.

3. Abolition de tout droit d'héritage.

3. Κατάργηση κάθε κληρονομικού δικαιώματος.

4. Confiscation des biens de tous les émigrés et rebelles.

4. Δήμευση της περιουσίας όλων των μεταναστών και ανταρτών.

5. **Centralisation du crédit entre les mains de l'État, au moyen d'une banque nationale à capital d'État et monopole exclusif.**

5. Συγκέντρωση της πίστωσης στα χέρια του κράτους, μέσω μιας εθνικής τράπεζας με κρατικό κεφάλαιο και αποκλειστικό μονοπώλιο.

6. **Centralisation des moyens de communication et de transport entre les mains de l'État.**

6. Συγκέντρωση των μέσων επικοινωνίας και μεταφοράς στα χέρια του κράτους.

7. **Extension des usines et des instruments de production appartenant à l'État**

7. Επέκταση εργοστασίων και μέσων παραγωγής που ανήκουν στο κράτος

la mise en culture des terres incultes, et l'amélioration du sol en général d'après un plan commun.

την καλλιέργεια των χέρσων εκτάσεων και τη βελτίωση του εδάφους γενικά σύμφωνα με ένα κοινό σχέδιο.

8. **Responsabilité égale de tous vis-à-vis du travail**

8. Ίση ευθύνη όλων στην εργασία

Mise en place d'armées industrielles, notamment pour l'agriculture.

Δημιουργία βιομηχανικών στρατών, ειδικά για τη γεωργία.

9. **Combinaison de l'agriculture et des industries manufacturières**

9. Συνδυασμός γεωργίας και μεταποιητικών βιομηχανιών

l'abolition progressive de la distinction entre la ville et la campagne, par une répartition plus égale de la population sur le territoire.

Σταδιακή κατάργηση της διάκρισης μεταξύ πόλης και υπαίθρου, με μια πιο ομοιόμορφη κατανομή του πληθυσμού στη χώρα.

10. **Gratuité de l'éducation pour tous les enfants dans les écoles publiques.**

10. Δωρεάν εκπαίδευση για όλα τα παιδιά στα δημόσια σχολεία.

Abolition du travail des enfants dans les usines sous sa forme actuelle
Κατάργηση της παιδικής εργοστασιακής εργασίας στη σημερινή της μορφή

Combinaison de l'éducation et de la production industrielle
Συνδυασμός εκπαίδευσης και βιομηχανικής παραγωγής

Quand, au cours du développement, les distinctions de classe ont disparu
Όταν, στην πορεία της ανάπτυξης, οι ταξικές διακρίσεις έχουν εξαφανιστεί

et quand toute la production aura été concentrée entre les mains d'une vaste association de toute la nation
Και όταν όλη η παραγωγή έχει συγκεντρωθεί στα χέρια μιας τεράστιας ένωσης ολόκληρου του έθνους

alors la puissance publique perdra son caractère politique
Τότε η δημόσια εξουσία θα χάσει τον πολιτικό της χαρακτήρα

Le pouvoir politique, proprement dit, n'est que le pouvoir organisé d'une classe pour en opprimer une autre
Η πολιτική εξουσία, όπως σωστά ονομάζεται, είναι απλώς η οργανωμένη δύναμη μιας τάξης για την καταπίεση μιας άλλης

Si le prolétariat, dans sa lutte contre la bourgeoisie, est contraint, par la force des choses, de s'organiser en classe
Αν το προλεταριάτο κατά τη διάρκεια του ανταγωνισμού του με την αστική τάξη είναι υποχρεωμένο, από τη δύναμη των περιστάσεων, να οργανωθεί σαν τάξη

si, par une révolution, elle se fait la classe dominante
αν, μέσω μιας επανάστασης, κάνει τον εαυτό της κυρίαρχη τάξη

et, en tant que telle, elle balaie par la force les anciennes conditions de production
Και, ως τέτοια, σαρώνει με τη βία τις παλιές συνθήκες παραγωγής

alors, avec ces conditions, elle aura balayé les conditions d'existence des antagonismes de classes et des classes en général

Τότε, μαζί με αυτές τις συνθήκες, θα έχει σαρώσει και τις συνθήκες ύπαρξης των ταξικών ανταγωνισμών και των τάξεων γενικά

et aura ainsi aboli sa propre suprématie en tant que classe.

και έτσι θα έχει καταργήσει τη δική της υπεροχή ως τάξη.

A la place de l'ancienne société bourgeoise, avec ses classes et ses antagonismes de classes, nous aurons une association

Στη θέση της παλιάς αστικής κοινωνίας, με τις τάξεις και τους ταξικούς ανταγωνισμούς της, θα έχουμε μια ένωση

une association dans laquelle le libre développement de chacun est la condition du libre développement de tous

μια ένωση στην οποία η ελεύθερη ανάπτυξη του καθενός είναι η προϋπόθεση για την ελεύθερη ανάπτυξη όλων

1) Le socialisme réactionnaire
1) Αντιδραστικός σοσιαλισμός

a) Le socialisme féodal
α) Φεουδαρχικός σοσιαλισμός

les aristocraties de France et d'Angleterre avaient une position historique unique
οι αριστοκρατίες της Γαλλίας και της Αγγλίας είχαν μια μοναδική ιστορική θέση

c'est devenu leur vocation d'écrire des pamphlets contre la société bourgeoise moderne
Έγινε η αποστολή τους να γράφουν μπροσούρες ενάντια στη σύγχρονη αστική κοινωνία

Dans la révolution française de juillet 1830 et dans l'agitation réformiste anglaise
Στη γαλλική επανάσταση του Ιουλίου του 1830 και στην αγγλική μεταρρυθμιστική αναταραχή

Ces aristocraties succombèrent de nouveau à l'odieux parvenu
Αυτές οι αριστοκρατίες υπέκυψαν και πάλι στον μισητό νεοσύστατο

Dès lors, il n'était plus question d'une lutte politique sérieuse
Στο εξής, ένας σοβαρός πολιτικός ανταγωνισμός ήταν εντελώς εκτός συζήτησης

Tout ce qui restait possible, c'était une bataille littéraire, pas une véritable bataille
Το μόνο που απέμενε δυνατό ήταν μια λογοτεχνική μάχη, όχι μια πραγματική μάχη

Mais même dans le domaine de la littérature, les vieux cris de la période de la restauration étaient devenus impossibles
Αλλά ακόμη και στον τομέα της λογοτεχνίας οι παλιές κραυγές της περιόδου αποκατάστασης είχαν καταστεί αδύνατες

Pour s'attirer la sympathie, l'aristocratie était obligée de perdre de vue, semble-t-il, ses propres intérêts

Προκειμένου να προκαλέσει συμπάθεια, η αριστοκρατία ήταν υποχρεωμένη να χάσει από τα μάτια της, προφανώς, τα δικά της συμφέροντα

et ils ont été obligés de formuler leur réquisitoire contre la bourgeoisie dans l'intérêt de la classe ouvrière exploitée

και ήταν υποχρεωμένοι να διατυπώσουν το κατηγορητήριό τους ενάντια στην αστική τάξη προς το συμφέρον της εκμεταλλευόμενης εργατικής τάξης

C'est ainsi que l'aristocratie prit sa revanche en chantant des pamphlets sur son nouveau maître

Έτσι, η αριστοκρατία πήρε την εκδίκησή της τραγουδώντας λαμπιόνια στο νέο αφέντη της

et ils prirent leur revanche en lui murmurant à l'oreille de sinistres prophéties de catastrophe à venir

Και πήραν την εκδίκησή τους ψιθυρίζοντας στα αυτιά του μοχθηρές προφητείες για επερχόμενη καταστροφή

C'est ainsi qu'est né le socialisme féodal : moitié lamentation, moitié moquerie

Με αυτόν τον τρόπο προέκυψε ο φεουδαρχικός σοσιαλισμός: μισός θρήνος, μισός λαμπούνος

Il sonnait comme un demi-écho du passé, et projetait une demi-menace de l'avenir

Χτυπούσε σαν μισή ηχώ του παρελθόντος και πρόβαλλε μισή απειλή του μέλλοντος

parfois, par sa critique acerbe, spirituelle et incisive, il frappait la bourgeoisie au plus profond de lui-même

Μερικές φορές, με την πικρή, πνευματώδη και διεισδυτική κριτική του, χτύπησε την αστική τάξη στον πυρήνα της καρδιάς

mais elle a toujours été ridicule dans son effet, par l'incapacité totale de comprendre la marche de l'histoire moderne

Αλλά ήταν πάντα γελοίο στην επίδρασή του, λόγω της πλήρους ανικανότητας κατανόησης της πορείας της σύγχρονης ιστορίας

L'aristocratie, pour rallier le peuple à elle, agitait le sac d'aumône prolétarien en guise de bannière

Η αριστοκρατία, για να συσπειρώσει το λαό κοντά της, κυμάτιζε μπροστά της την προλεταριακή τσάντα ελεημοσύνης για ένα πανό

Mais le peuple, toutes les fois qu'il se joignait à lui, voyait sur son arrière-train les anciennes armoiries féodales

Αλλά ο λαός, τόσο συχνά όσο ενωνόταν μαζί τους, έβλεπε στα οπίσθιά του τα παλιά φεουδαρχικά οικόσημα

et ils désertèrent avec des rires bruyants et irrévérencieux

Και εγκατέλειψαν με δυνατά και ασεβή γέλια

Une partie des légitimistes français et de la « Jeune Angleterre » offrit ce spectacle

Ένα τμήμα των Γάλλων Νομιμόφρονων και της «Νεαρής Αγγλίας» παρουσίασε αυτό το θέαμα

les féodaux ont fait remarquer que leur mode d'exploitation était différent de celui de la bourgeoisie

Οι φεουδάρχες επεσήμαναν ότι ο τρόπος εκμετάλλευσής τους ήταν διαφορετικός από αυτόν της αστικής τάξης

Les féodaux oublient qu'ils ont exploité dans des circonstances et des conditions tout à fait différentes

Οι φεουδάρχες ξεχνούν ότι εκμεταλλεύτηκαν κάτω από συνθήκες και συνθήκες που ήταν εντελώς διαφορετικές

Et ils n'ont pas remarqué que de telles méthodes d'exploitation sont maintenant désuètes

Και δεν παρατήρησαν ότι τέτοιες μέθοδοι εκμετάλλευσης είναι πλέον απαρχαιωμένες

Ils ont montré que, sous leur domination, le prolétariat moderne n'a jamais existé

Έδειξαν ότι, κάτω από την κυριαρχία τους, το σύγχρονο προλεταριάτο δεν υπήρξε ποτέ

mais ils oublient que la bourgeoisie moderne est le produit nécessaire de leur propre forme de société

αλλά ξεχνούν ότι η σύγχρονη αστική τάξη είναι το
αναγκαίο τέκνο της δικής τους μορφής κοινωνίας
**Pour le reste, ils dissimulent à peine le caractère
réactionnaire de leur critique**
Κατά τα λοιπά, δύσκολα κρύβουν τον αντιδραστικό
χαρακτήρα της κριτικής τους
**Leur principale accusation contre la bourgeoisie se résume à
ceci**
Η κύρια κατηγορία τους ενάντια στην αστική τάξη είναι η
ακόλουθη:
sous le régime bourgeois, une classe sociale se développe
Κάτω από το αστικό καθεστώς αναπτύσσεται μια
κοινωνική τάξη
**Cette classe sociale est destinée à découper de fond en
comble l'ancien ordre de la société**
Αυτή η κοινωνική τάξη προορίζεται να ριζώσει και να
κλαδέψει την παλιά τάξη της κοινωνίας
**Ce qu'ils reprochent à la bourgeoisie, ce n'est pas tant
qu'elle crée un prolétariat**
Αυτό με το οποίο επιπλήττουν την αστική τάξη δεν είναι
τόσο ότι δημιουργεί ένα προλεταριάτο
**ce qu'ils reprochent à la bourgeoisie, c'est plutôt de créer un
prolétariat révolutionnaire**
Αυτό με το οποίο επιπλήττουν την αστική τάξη είναι
περισσότερο ότι δημιουργεί ένα επαναστατικό
προλεταριάτο
**Dans la pratique politique, ils se joignent donc à toutes les
mesures coercitives contre la classe ouvrière**
Στην πολιτική πρακτική, επομένως, συμμετέχουν σε όλα
τα καταναγκαστικά μέτρα ενάντια στην εργατική τάξη
**Et dans la vie ordinaire, malgré leurs phrases hautaines, ils
s'abaissent à ramasser les pommes d'or tombées de l'arbre
de l'industrie**
Και στη συνηθισμένη ζωή, παρά τις φράσεις highfalutin,
σκύβουν για να πάρουν τα χρυσά μήλα που έπεσαν από το
δέντρο της βιομηχανίας

et ils troquent la vérité, l'amour et l'honneur contre le commerce de la laine, du sucre de betterave et de l'eau-de-vie de pommes de terre

Και ανταλλάσσουν την αλήθεια, την αγάπη και την τιμή με το εμπόριο μαλλιού, ζάχαρης παντζαριών και αποσταγμάτων πατάτας

De même que le pasteur a toujours marché main dans la main avec le propriétaire foncier, il en a été de même du socialisme clérical et du socialisme féodal

Όπως ο εφημέριος πήγαινε πάντα χέρι-χέρι με τον γαιοκτήμονα, έτσι και ο κληρικός σοσιαλισμός με τον φεουδαρχικό σοσιαλισμό

Rien n'est plus facile que de donner à l'ascétisme chrétien une teinte socialiste

Τίποτα δεν είναι ευκολότερο από το να δώσουμε στον χριστιανικό ασκητισμό μια σοσιαλιστική χροιά

Le christianisme n'a-t-il pas déclamé contre la propriété privée, contre le mariage, contre l'État ?

Δεν έχει διακηρύξει ο Χριστιανισμός ενάντια στην ατομική ιδιοκτησία, ενάντια στο γάμο, ενάντια στο κράτος;

Le christianisme n'a-t-il pas prêché à la place de la charité et de la pauvreté ?

Δεν κήρυξε ο Χριστιανισμός στη θέση αυτών, της φιλανθρωπίας και της φτώχειας;

Le christianisme ne prêche-t-il pas le célibat et la mortification de la chair, de la vie monastique et de l'Église mère ?

Δεν κηρύττει ο Χριστιανισμός την αγαμία και την ταπείνωση της σάρκας, τη μοναστική ζωή και τη Μητέρα Εκκλησία;

Le socialisme chrétien n'est que l'eau bénite avec laquelle le prêtre consacre les brûlures du cœur de l'aristocrate

Ο χριστιανικός σοσιαλισμός δεν είναι παρά το αγίασμα με το οποίο ο ιερέας καθαγιάζει τις καύσεις της καρδιάς του αριστοκράτη

b) Le socialisme petit-bourgeois
β) Μικροαστικός σοσιαλισμός

L'aristocratie féodale n'est pas la seule classe ruinée par la bourgeoisie
Η φεουδαρχική αριστοκρατία δεν ήταν η μόνη τάξη που καταστράφηκε από την αστική τάξη
ce n'était pas la seule classe dont les conditions d'existence languissaient et périssaient dans l'atmosphère de la société bourgeoise moderne
Δεν ήταν η μόνη τάξη της οποίας οι συνθήκες ύπαρξης καθηλώθηκαν και χάθηκαν στην ατμόσφαιρα της σύγχρονης αστικής κοινωνίας
Les bourgeois médiévaux et les petits propriétaires paysans ont été les précurseurs de la bourgeoisie moderne
Οι μεσαιωνικοί αστοί και οι μικροί αγρότες ιδιοκτήτες ήταν οι πρόδρομοι της σύγχρονης αστικής τάξης
Dans les pays peu développés, tant au point de vue industriel que commercial, ces deux classes végètent encore côte à côte
Στις χώρες που είναι ελάχιστα ανεπτυγμένες, βιομηχανικά και εμπορικά, αυτές οι δύο τάξεις εξακολουθούν να φυτοζωούν δίπλα-δίπλα
et pendant ce temps, la bourgeoisie se lève à côté d'eux : industriellement, commercialement et politiquement
Και εν τω μεταξύ η αστική τάξη ξεσηκώνεται δίπλα τους: βιομηχανικά, εμπορικά και πολιτικά
Dans les pays où la civilisation moderne s'est pleinement développée, une nouvelle classe de petite bourgeoisie s'est formée
Σε χώρες όπου ο σύγχρονος πολιτισμός έχει αναπτυχθεί πλήρως, έχει σχηματιστεί μια νέα τάξη μικροαστικής τάξης
cette nouvelle classe sociale oscille entre le prolétariat et la bourgeoisie
Αυτή η νέα κοινωνική τάξη κυμαίνεται ανάμεσα στο προλεταριάτο και την αστική τάξη

et elle se renouvelle sans cesse en tant que partie supplémentaire de la société bourgeoise

και ανανεώνεται συνεχώς ως συμπληρωματικό τμήμα της αστικής κοινωνίας

Cependant, les membres individuels de cette classe sont constamment précipités dans le prolétariat

Τα μεμονωμένα μέλη αυτής της τάξης, ωστόσο, ρίχνονται συνεχώς κάτω στο προλεταριάτο

ils sont aspirés par le prolétariat par l'action de la concurrence

Απορροφώνται από το προλεταριάτο μέσω της δράσης του ανταγωνισμού

Au fur et à mesure que l'industrie moderne se développe, ils voient même approcher le moment où ils disparaîtront complètement en tant que section indépendante de la société moderne

Καθώς αναπτύσσεται η σύγχρονη βιομηχανία, βλέπουν ακόμη και τη στιγμή που πλησιάζει όταν θα εξαφανιστούν εντελώς ως ανεξάρτητο τμήμα της σύγχρονης κοινωνίας

ils seront remplacés, dans les manufactures, l'agriculture et le commerce, par des surveillants, des huissiers et des boutiquiers

Θα αντικατασταθούν, στη βιομηχανία, τη γεωργία και το εμπόριο, από επιβλέποντες, δικαστικούς επιμελητές και καταστηματάρχες

Dans des pays comme la France, où les paysans représentent bien plus de la moitié de la population

Σε χώρες όπως η Γαλλία, όπου οι αγρότες αποτελούν πολύ περισσότερο από το ήμισυ του πληθυσμού

il était naturel qu'il y ait des écrivains qui se rangent du côté du prolétariat contre la bourgeoisie

Ήταν φυσικό να υπάρχουν συγγραφείς που τάχθηκαν με το μέρος του προλεταριάτου ενάντια στην αστική τάξη

dans leur critique du régime bourgeois, ils utilisaient l'étendard de la bourgeoisie paysanne et de la petite bourgeoisie

Στην κριτική τους για το καθεστώς της αστικής τάξης χρησιμοποίησαν το πρότυπο της αγροτικής και μικροαστικής τάξης

et, du point de vue de ces classes intermédiaires, ils prennent le relais de la classe ouvrière

Και από τη σκοπιά αυτών των ενδιάμεσων τάξεων παίρνουν τα χάδια για την εργατική τάξη

C'est ainsi qu'est né le socialisme petit-bourgeois, dont Sismondi était le chef de cette école, non seulement en France, mais aussi en Angleterre

Έτσι προέκυψε ο μικροαστικός σοσιαλισμός, του οποίου ο Sismondi ήταν επικεφαλής αυτής της σχολής, όχι μόνο στη Γαλλία αλλά και στην Αγγλία

Cette école du socialisme a disséqué avec une grande acuité les contradictions des conditions de la production moderne

Αυτή η σχολή του σοσιαλισμού ανέλυσε με μεγάλη οξύτητα τις αντιφάσεις στις συνθήκες της σύγχρονης παραγωγής

Cette école a mis à nu les excuses hypocrites des économistes

Αυτή η σχολή αποκάλυψε τις υποκριτικές απολογίες των οικονομολόγων

Cette école prouva sans conteste les effets désastreux du machinisme et de la division du travail

Αυτό το σχολείο απέδειξε, αναμφισβήτητα, τις καταστροφικές συνέπειες των μηχανών και του καταμερισμού της εργασίας

elle prouvait la concentration du capital et de la terre entre quelques mains

Απέδειξε τη συγκέντρωση κεφαλαίου και γης σε λίγα χέρια

elle a prouvé comment la surproduction conduit à des crises bourgeoises

απέδειξε πώς η υπερπαραγωγή οδηγεί σε κρίσεις της αστικής τάξης

il soulignait la ruine inévitable de la petite bourgeoisie et des paysans

Τόνιζε την αναπόφευκτη καταστροφή της μικροαστικής τάξης και του αγρότη

la misère du prolétariat, l'anarchie de la production, les inégalités criantes dans la répartition des richesses

Η δυστυχία του προλεταριάτου, η αναρχία στην παραγωγή, οι κραυγαλέες ανισότητες στην κατανομή του πλούτου

Il a montré comment le système de production mène la guerre industrielle d'extermination entre les nations

Έδειξε πώς το σύστημα παραγωγής οδηγεί τον βιομηχανικό πόλεμο εξόντωσης μεταξύ των εθνών

la dissolution des vieux liens moraux, des vieilles relations familiales, des vieilles nationalités

τη διάλυση των παλαιών ηθικών δεσμών, των παλαιών οικογενειακών σχέσεων, των παλαιών εθνοτήτων

Dans ses objectifs positifs, cependant, cette forme de socialisme aspire à réaliser l'une des deux choses suivantes

Στους θετικούς στόχους της, όμως, αυτή η μορφή σοσιαλισμού φιλοδοξεί να επιτύχει ένα από τα δύο πράγματα

soit elle vise à restaurer les anciens moyens de production et d'échange

είτε στοχεύει στην αποκατάσταση των παλιών μέσων παραγωγής και ανταλλαγής

et avec les anciens moyens de production, elle rétablirait les anciens rapports de propriété et l'ancienne société

Και με τα παλιά μέσα παραγωγής θα αποκαθιστούσε τις παλιές σχέσεις ιδιοκτησίας και την παλιά κοινωνία

ou bien elle vise à enfermer les moyens modernes de production et d'échange dans l'ancien cadre des rapports de propriété

ή στοχεύει να περιορίσει τα σύγχρονα μέσα παραγωγής και ανταλλαγής στο παλιό πλαίσιο των σχέσεων ιδιοκτησίας

Dans un cas comme dans l'autre, elle est à la fois réactionnaire et utopique

Και στις δύο περιπτώσεις, είναι τόσο αντιδραστικό όσο και ουτοπικό

Ses derniers mots sont : guildes corporatives pour la fabrication, relations patriarcales dans l'agriculture

Οι τελευταίες λέξεις του είναι: εταιρικές συντεχνίες για τη βιομηχανία, πατριαρχικές σχέσεις στη γεωργία

En fin de compte, lorsque les faits historiques obstinés ont dispersé tous les effets enivrants de l'auto-tromperie

Τελικά, όταν τα επίμονα ιστορικά γεγονότα είχαν διασκορπίσει όλες τις μεθυστικές επιπτώσεις της αυταπάτης.

cette forme de socialisme se termina par un misérable accès de pitié

Αυτή η μορφή σοσιαλισμού κατέληξε σε μια άθλια κρίση οίκτου

c) Le socialisme allemand, ou « vrai »
γ) Γερμανικός ή «αληθινός» σοσιαλισμός

La littérature socialiste et communiste de France est née sous la pression d'une bourgeoisie au pouvoir
Η σοσιαλιστική και κομμουνιστική λογοτεχνία της Γαλλίας προήλθε κάτω από την πίεση μιας αστικής τάξης στην εξουσία

Et cette littérature était l'expression de la lutte contre ce pouvoir
Και αυτή η λογοτεχνία ήταν η έκφραση του αγώνα ενάντια σε αυτή την εξουσία

elle a été introduite en Allemagne à une époque où la bourgeoisie venait de commencer sa lutte contre l'absolutisme féodal
εισήχθη στη Γερμανία σε μια εποχή που η αστική τάξη είχε μόλις αρχίσει τον ανταγωνισμό της με τη φεουδαρχική απολυταρχία

Les philosophes allemands, les prétendus philosophes et les beaux esprits, s'emparèrent avidement de cette littérature
Γερμανοί φιλόσοφοι, επίδοξοι φιλόσοφοι και beaux esprits, άρπαξαν με ανυπομονησία αυτή τη λογοτεχνία

mais ils oubliaient que les écrits avaient émigré de France en Allemagne sans apporter avec eux les conditions sociales françaises
αλλά ξέχασαν ότι τα γραπτά μετανάστευσαν από τη Γαλλία στη Γερμανία χωρίς να φέρουν μαζί τους τις γαλλικές κοινωνικές συνθήκες

Au contact des conditions sociales allemandes, cette littérature française perd toute sa signification pratique immédiate
Σε επαφή με τις γερμανικές κοινωνικές συνθήκες, αυτή η γαλλική λογοτεχνία έχασε όλη την άμεση πρακτική της σημασία

et la littérature communiste de France a pris un aspect purement littéraire dans les cercles académiques allemands

και η κομμουνιστική λογοτεχνία της Γαλλίας πήρε μια καθαρά λογοτεχνική πτυχή στους γερμανικούς ακαδημαϊκούς κύκλους

Ainsi, les exigences de la première Révolution française n'étaient rien d'autre que les exigences de la « raison pratique »

Έτσι, τα αιτήματα της πρώτης Γαλλικής Επανάστασης δεν ήταν τίποτα περισσότερο από τα αιτήματα του «Πρακτικού Λόγου»

et l'expression de la volonté de la bourgeoisie française révolutionnaire signifiait à leurs yeux la loi de la volonté pure

Και η έκφραση της θέλησης της επαναστατικής γαλλικής μπουρζουαζίας σήμαινε στα μάτια τους το νόμο της καθαρής θέλησης

il signifiait la Volonté telle qu'elle devait être ; de la vraie Volonté humaine en général

Σήμαινε τη Θέληση όπως ήταν επόμενο να είναι. της αληθινής ανθρώπινης Θέλησης γενικά

Le monde des lettrés allemands ne consistait qu'à mettre les nouvelles idées françaises en harmonie avec leur ancienne conscience philosophique

Ο κόσμος των Γερμανών λογοτεχνών συνίστατο αποκλειστικά στο να φέρει τις νέες γαλλικές ιδέες σε αρμονία με την αρχαία φιλοσοφική τους συνείδηση

ou plutôt, ils ont annexé les idées françaises sans déserter leur propre point de vue philosophique

ή μάλλον, προσάρτησαν τις γαλλικές ιδέες χωρίς να εγκαταλείψουν τη δική τους φιλοσοφική άποψη

Cette annexion s'est faite de la même manière que l'on s'approprie une langue étrangère, c'est-à-dire par la traduction

Αυτή η προσάρτηση πραγματοποιήθηκε με τον ίδιο τρόπο με τον οποίο οικειοποιείται μια ξένη γλώσσα, δηλαδή με μετάφραση

Il est bien connu comment les moines ont écrit des vies stupides de saints catholiques sur des manuscrits

Είναι γνωστό πώς οι μοναχοί έγραψαν ανόητους βίους καθολικών αγίων πάνω από χειρόγραφα

les manuscrits sur lesquels les œuvres classiques de l'ancien paganisme avaient été écrites

Τα χειρόγραφα πάνω στα οποία είχαν γραφτεί τα κλασικά έργα του αρχαίου ειδωλολατρικού κόσμου

Les lettrés allemands ont inversé ce processus avec la littérature française profane

Οι Γερμανοί λογοτέχνες αντέστρεψαν αυτή τη διαδικασία με τη βέβηλη γαλλική λογοτεχνία

Ils ont écrit leurs absurdités philosophiques sous l'original français

Έγραψαν τις φιλοσοφικές ανοησίες τους κάτω από το γαλλικό πρωτότυπο

Par exemple, sous la critique française des fonctions économiques de l'argent, ils ont écrit « L'aliénation de l'humanité »

Για παράδειγμα, κάτω από τη γαλλική κριτική για τις οικονομικές λειτουργίες του χρήματος, έγραψαν την «Αλλοτρίωση της Ανθρωπότητας»

au-dessous de la critique française de l'État bourgeois, ils écrivaient « détrônement de la catégorie du général »

Κάτω από τη γαλλική κριτική στο αστικό κράτος έγραψαν «εκθρόνιση της κατηγορίας του στρατηγού»

L'introduction de ces phrases philosophiques à la fin des critiques historiques françaises qu'ils ont baptisées :

Η εισαγωγή αυτών των φιλοσοφικών φράσεων στο πίσω μέρος των γαλλικών ιστορικών κριτικών που ονόμασαν:

« Philosophie de l'action », « Vrai socialisme », « Science allemande du socialisme », « Fondement philosophique du socialisme », etc

«Φιλοσοφία της Δράσης», «Αληθινός Σοσιαλισμός», «Γερμανική Επιστήμη του Σοσιαλισμού», «Φιλοσοφικό Θεμέλιο του Σοσιαλισμού» και ούτω καθεξής

La littérature socialiste et communiste française est ainsi complètement émasculée

Η γαλλική σοσιαλιστική και κομμουνιστική λογοτεχνία ήταν έτσι εντελώς ευνουχισμένη

entre les mains des philosophes allemands, elle cessa d'exprimer la lutte d'une classe contre l'autre

στα χέρια των Γερμανών φιλοσόφων έπαψε να εκφράζει την πάλη της μιας τάξης με την άλλη

et c'est ainsi que les philosophes allemands se sentaient conscients d'avoir surmonté « l'unilatéralité française »

και έτσι οι Γερμανοί φιλόσοφοι αισθάνθηκαν συνειδητά ότι είχαν ξεπεράσει τη «γαλλική μονομέρεια»

Il n'avait pas à représenter de vraies exigences, mais plutôt des exigences de vérité

Δεν έπρεπε να αντιπροσωπεύει αληθινές απαιτήσεις, αλλά αντιπροσώπευε απαιτήσεις αλήθειας

il n'y avait pas d'intérêt pour le prolétariat, mais plutôt pour la nature humaine

δεν υπήρχε ενδιαφέρον για το προλεταριάτο, μάλλον, υπήρχε ενδιαφέρον για την ανθρώπινη φύση

l'intérêt était dans l'Homme en général, qui n'appartient à aucune classe et n'a pas de réalité

Το ενδιαφέρον ήταν για τον Άνθρωπο γενικά, ο οποίος δεν ανήκει σε καμία τάξη και δεν έχει καμία πραγματικότητα

un homme qui n'existe que dans le royaume brumeux de la fantaisie philosophique

Ένας άνθρωπος που υπάρχει μόνο στην ομιχλώδη σφαίρα της φιλοσοφικής φαντασίας

mais finalement, ce socialisme allemand d'écolier perdit aussi son innocence pédante

αλλά τελικά αυτός ο μαθητής, ο γερμανικός σοσιαλισμός, έχασε επίσης την σχολαστική αθωότητά του

la bourgeoisie allemande, et surtout la bourgeoisie prussienne, luttait contre l'aristocratie féodale

Η γερμανική αστική τάξη, και ιδιαίτερα η πρωσική αστική τάξη, πολέμησαν ενάντια στη φεουδαρχική αριστοκρατία

la monarchie absolue de l'Allemagne et de la Prusse était également combattue

η απόλυτη μοναρχία της Γερμανίας και της Πρωσίας ήταν επίσης εναντίον

Et à son tour, la littérature du mouvement libéral est également devenue plus sérieuse

Και με τη σειρά της, η λογοτεχνία του φιλελεύθερου κινήματος έγινε επίσης πιο σοβαρή

L'Allemagne a eu l'occasion longtemps souhaitée par le « vrai » socialisme de se voir offrir

Προσφέρθηκε η πολυπόθητη ευκαιρία της Γερμανίας για «αληθινό» σοσιαλισμό

l'occasion de confronter le mouvement politique aux revendications socialistes

την ευκαιρία να αντιμετωπίσει το πολιτικό κίνημα με τα σοσιαλιστικά αιτήματα

l'occasion de jeter les anathèmes traditionnels contre le libéralisme

την ευκαιρία να εκσφενδονιστούν τα παραδοσιακά αναθέματα κατά του φιλελευθερισμού

l'occasion d'attaquer le gouvernement représentatif et la concurrence bourgeoise

την ευκαιρία να επιτεθούν στην αντιπροσωπευτική κυβέρνηση και τον αστικό ανταγωνισμό

Liberté de la presse bourgeoise, législation bourgeoise, liberté et égalité bourgeoise

Αστική ελευθερία του τύπου, αστική νομοθεσία, αστική ελευθερία και ισότητα

Tout cela pourrait maintenant être critiqué dans le monde réel, plutôt que dans la fantaisie

Όλα αυτά θα μπορούσαν τώρα να επικριθούν στον πραγματικό κόσμο, παρά στη φαντασία

L'aristocratie féodale et la monarchie absolue prêchaient depuis longtemps aux masses

Η φεουδαρχική αριστοκρατία και η απόλυτη μοναρχία είχαν από καιρό κηρύξει στις μάζες

« L'ouvrier n'a rien à perdre, et il a tout à gagner »

«Ο εργαζόμενος δεν έχει τίποτα να χάσει και έχει τα πάντα να κερδίσει»

le mouvement bourgeois offrait aussi une chance de se confronter à ces platitudes

Το κίνημα της αστικής τάξης πρόσφερε επίσης την ευκαιρία να αντιμετωπίσει αυτές τις κοινοτοπίες

la critique française présupposait l'existence d'une société bourgeoise moderne

Η γαλλική κριτική προϋπέθετε την ύπαρξη της σύγχρονης αστικής κοινωνίας

Conditions économiques d'existence de la bourgeoisie et constitution politique de la bourgeoisie

Αστικές οικονομικές συνθήκες ύπαρξης και πολιτική συγκρότηση της αστικής τάξης

les choses mêmes dont la réalisation était l'objet de la lutte imminente en Allemagne

τα ίδια τα πράγματα των οποίων η επίτευξη ήταν το αντικείμενο του εκκρεμούς αγώνα στη Γερμανία

L'écho stupide du socialisme en Allemagne a abandonné ces objectifs juste à temps

Η ανόητη ηχώ του σοσιαλισμού της Γερμανίας εγκατέλειψε αυτούς τους στόχους ακριβώς στην αρχή του χρόνου

Les gouvernements absolus avaient leur suite de pasteurs, de professeurs, d'écuyers de campagne et de fonctionnaires

Οι απόλυτες κυβερνήσεις είχαν τους οπαδούς τους από εφημέριους, καθηγητές, σκίουρους της χώρας και αξιωματούχους

le gouvernement de l'époque a répondu aux soulèvements de la classe ouvrière allemande par des coups de fouet et des balles

Η τότε κυβέρνηση αντιμετώπισε τις εξεγέρσεις της γερμανικής εργατικής τάξης με μαστιγώματα και σφαίρες

pour eux, ce socialisme était un épouvantail bienvenu contre la bourgeoisie menaçante

Γι' αυτούς αυτός ο σοσιαλισμός χρησίμευε σαν ένα
ευπρόσδεκτο σκιάχτρο ενάντια στην απειλητική αστική
τάξη
**et le gouvernement allemand a pu offrir un dessert sucré
après les pilules amères qu'il a distribuées**
και η γερμανική κυβέρνηση ήταν σε θέση να προσφέρει
ένα γλυκό επιδόρπιο μετά τα πικρά χάπια που μοίρασε
**ce « vrai » socialisme servait donc aux gouvernements
d'arme pour combattre la bourgeoisie allemande**
Αυτός ο «αληθινός» σοσιαλισμός χρησίμευσε έτσι στις
κυβερνήσεις ως όπλο για την καταπολέμηση της
γερμανικής αστικής τάξης
**et, en même temps, il représentait directement un intérêt
réactionnaire ; celle des Philistins allemands**
και, ταυτόχρονα, αντιπροσώπευε άμεσα ένα αντιδραστικό
συμφέρον. εκείνη των Γερμανών Φιλισταίων
**En Allemagne, la petite bourgeoisie est la véritable base
sociale de l'état de choses actuel**
Στη Γερμανία η μικροαστική τάξη είναι η πραγματική
κοινωνική βάση της υπάρχουσας κατάστασης πραγμάτων
**une relique du XVIe siècle qui n'a cessé de surgir sous
diverses formes**
Ένα λείψανο του δέκατου έκτου αιώνα που συνεχώς
εμφανίζεται με διάφορες μορφές
**Conserver cette classe, c'est préserver l'état de choses
existant en Allemagne**
Η διατήρηση αυτής της τάξης σημαίνει διατήρηση της
υπάρχουσας κατάστασης πραγμάτων στη Γερμανία
**La suprématie industrielle et politique de la bourgeoisie
menace la petite bourgeoisie d'une destruction certaine**
Η βιομηχανική και πολιτική υπεροχή της αστικής τάξης
απειλεί τη μικροαστική τάξη με βέβαιη καταστροφή
**d'une part, elle menace de détruire la petite bourgeoisie par
la concentration du capital**
από τη μια πλευρά, απειλεί να καταστρέψει τη μικροαστική
τάξη μέσω της συγκέντρωσης κεφαλαίου

d'autre part, la bourgeoisie menace de la détruire par l'avènement d'un prolétariat révolutionnaire

Από την άλλη πλευρά, η αστική τάξη απειλεί να την καταστρέψει μέσω της ανόδου ενός επαναστατικού προλεταριάτου

Le « vrai » socialisme semblait faire d'une pierre deux coups. Il s'est répandu comme une épidémie

Ο «αληθινός» σοσιαλισμός φάνηκε να σκοτώνει αυτά τα δύο πουλιά με ένα σμπάρο. Εξαπλώθηκε σαν επιδημία

La robe de toiles d'araignées spéculatives, brodée de fleurs de rhétorique, trempée dans la rosée du sentiment maladif

Ο χιτώνας των κερδοσκοπικών ιστών αράχνης, κεντημένος με λουλούδια ρητορικής, βουτηγμένος στη δροσιά του ασθενικού συναισθήματος

cette robe transcendantale dans laquelle les socialistes allemands enveloppaient leurs tristes « vérités éternelles »

Αυτός ο υπερβατικός χιτώνας με τον οποίο οι Γερμανοί σοσιαλιστές τύλιξαν τις θλιβερές «αιώνιες αλήθειες» τους

tout de peau et d'os, servaient à augmenter merveilleusement la vente de leurs marchandises auprès d'un public aussi

όλο το δέρμα και τα οστά, χρησίμευαν για να αυξήσουν θαυμάσια την πώληση των αγαθών τους μεταξύ ενός τέτοιου κοινού

Et de son côté, le socialisme allemand reconnaissait de plus en plus sa propre vocation

Και από την πλευρά του, ο γερμανικός σοσιαλισμός αναγνώριζε, όλο και περισσότερο, το δικό του κάλεσμα

on l'appelait à être le représentant grandiloquent de la petite-bourgeoisie philistine

κλήθηκε να είναι ο πομπώδης εκπρόσωπος των μικροαστών φιλισταίων

Il proclamait que la nation allemande était la nation modèle, et le petit philistin allemand l'homme modèle

Ανακήρυξε το γερμανικό έθνος πρότυπο έθνος και τον γερμανό μικροφιλισταίο πρότυπο ανθρώπου

À chaque méchanceté de cet homme modèle, elle donnait une interprétation socialiste cachée, plus élevée

Σε κάθε μοχθηρή κακία αυτού του υποδειγματικού ανθρώπου έδινε μια κρυφή, υψηλότερη, σοσιαλιστική ερμηνεία

cette interprétation socialiste supérieure était l'exact contraire de son caractère réel

Αυτή η ανώτερη, σοσιαλιστική ερμηνεία ήταν ακριβώς αντίθετη από τον πραγματικό της χαρακτήρα

Il est allé jusqu'à s'opposer directement à la tendance « brutalement destructrice » du communisme

Έφτασε στο ακραίο σημείο της άμεσης αντίθεσης στην «βάναυσα καταστροφική» τάση του κομμουνισμού

et il proclamait son mépris suprême et impartial de toutes les luttes de classes

Και διακήρυξε την υπέρτατη και αμερόληπτη περιφρόνησή του για όλους τους ταξικούς αγώνες

À de très rares exceptions près, toutes les publications dites socialistes et communistes qui circulent aujourd'hui (1847) en Allemagne appartiennent au domaine de cette littérature nauséabonde et énervante

Με ελάχιστες εξαιρέσεις, όλες οι λεγόμενες σοσιαλιστικές και κομμουνιστικές εκδόσεις που κυκλοφορούν τώρα (1847) στη Γερμανία ανήκουν στη σφαίρα αυτής της βρώμικης και εξασθενητικής λογοτεχνίας

2) Le socialisme conservateur ou le socialisme bourgeois
2) Συντηρητικός σοσιαλισμός ή αστικός σοσιαλισμός

Une partie de la bourgeoisie est désireuse de redresser les griefs sociaux
Ένα μέρος της αστικής τάξης επιθυμεί την αποκατάσταση των κοινωνικών αδικιών
afin d'assurer la pérennité de la société bourgeoise
προκειμένου να εξασφαλιστεί η συνέχιση της ύπαρξης της αστικής κοινωνίας
C'est à cette section qu'appartiennent les économistes, les philanthropes, les humanitaires
Σε αυτό το τμήμα ανήκουν οικονομολόγοι, φιλάνθρωποι, ανθρωπιστές
améliorateurs de la condition de la classe ouvrière et organisateurs de la charité
Βελτιωτές της κατάστασης της εργατικής τάξης και οργανωτές φιλανθρωπίας
membres des sociétés de prévention de la cruauté envers les animaux
Μέλη Σωματείων κατά της Κακοποίησης των Ζώων
fanatiques de la tempérance, réformateurs de toutes sortes imaginables
Φανατικοί της εγκράτειας, αναμορφωτές κάθε είδους που μπορεί να φανταστεί κανείς
Cette forme de socialisme a, d'ailleurs, été élaborée en systèmes complets
Αυτή η μορφή σοσιαλισμού έχει, επιπλέον, επεξεργαστεί σε ολοκληρωμένα συστήματα
On peut citer la « Philosophie de la Misère » de Proudhon comme exemple de cette forme
Μπορούμε να αναφέρουμε τη «Φιλοσοφία της Μιζέρ» του Προυντόν ως παράδειγμα αυτής της μορφής
La bourgeoisie socialiste veut tous les avantages des conditions sociales modernes

Η σοσιαλιστική αστική τάξη θέλει όλα τα πλεονεκτήματα
των σύγχρονων κοινωνικών συνθηκών
**mais la bourgeoisie socialiste ne veut pas nécessairement
des luttes et des dangers qui en résultent**
Αλλά η σοσιαλιστική αστική τάξη δεν θέλει απαραίτητα
τους αγώνες και τους κινδύνους που προκύπτουν
**Ils désirent l'état actuel de la société, sans ses éléments
révolutionnaires et désintégrateurs**
Επιθυμούν την υπάρχουσα κατάσταση της κοινωνίας,
μείον τα επαναστατικά και αποσυντιθέμενα στοιχεία της
c'est-à-dire qu'ils veulent une bourgeoisie sans prolétariat
Με άλλα λόγια, επιθυμούν μια αστική τάξη χωρίς
προλεταριάτο
**La bourgeoisie conçoit naturellement le monde dans lequel
elle est souveraine d'être la meilleure**
Η αστική τάξη φυσικά αντιλαμβάνεται τον κόσμο στον
οποίο είναι υπέρτατο να είσαι ο καλύτερος
**et le socialisme bourgeois développe cette conception
confortable en divers systèmes plus ou moins complets**
Και ο αστικός σοσιαλισμός αναπτύσσει αυτή την άνετη
αντίληψη σε διάφορα περισσότερο ή λιγότερο
ολοκληρωμένα συστήματα
**ils voudraient beaucoup que le prolétariat marche droit dans
la Nouvelle Jérusalem sociale**
Θα ήθελαν πάρα πολύ το προλεταριάτο να βαδίσει
κατευθείαν στην κοινωνική Νέα Ιερουσαλήμ
**Mais en réalité, elle exige du prolétariat qu'il reste dans les
limites de la société existante**
Αλλά στην πραγματικότητα απαιτεί από το προλεταριάτο
να παραμείνει μέσα στα όρια της υπάρχουσας κοινωνίας
**ils demandent au prolétariat de se débarrasser de toutes ses
idées haineuses sur la bourgeoisie**
Ζητούν από το προλεταριάτο να πετάξει μακριά όλες τις
μισητές ιδέες του σχετικά με την αστική τάξη
**il y a une seconde forme plus pratique, mais moins
systématique, de ce socialisme**

υπάρχει μια δεύτερη πιο πρακτική, αλλά λιγότερο συστηματική, μορφή αυτού του σοσιαλισμού

Cette forme de socialisme cherchait à déprécier tout mouvement révolutionnaire aux yeux de la classe ouvrière

Αυτή η μορφή σοσιαλισμού επεδίωκε να απαξιώσει κάθε επαναστατικό κίνημα στα μάτια της εργατικής τάξης

Ils soutiennent qu'aucune simple réforme politique ne pourrait leur être d'un quelconque avantage

Υποστηρίζουν ότι καμία απλή πολιτική μεταρρύθμιση δεν θα μπορούσε να τους ωφελήσει

Seul un changement dans les conditions matérielles d'existence dans les relations économiques est bénéfique

Μόνο μια αλλαγή στις υλικές συνθήκες ύπαρξης στις οικονομικές σχέσεις είναι επωφελής

Comme le communisme, cette forme de socialisme prône un changement des conditions matérielles d'existence

Όπως και ο κομμουνισμός, αυτή η μορφή σοσιαλισμού υποστηρίζει μια αλλαγή στις υλικές συνθήκες ύπαρξης

Cependant, cette forme de socialisme ne suggère nullement l'abolition des rapports de production bourgeois

Ωστόσο, αυτή η μορφή σοσιαλισμού με κανένα τρόπο δεν υποδηλώνει την κατάργηση των αστικών σχέσεων παραγωγής

l'abolition des rapports de production bourgeois ne peut se faire que par la révolution

Η κατάργηση των αστικών σχέσεων παραγωγής μπορεί να επιτευχθεί μόνο μέσω μιας επανάστασης

Mais au lieu d'une révolution, cette forme de socialisme suggère des réformes administratives

Αλλά αντί για επανάσταση, αυτή η μορφή σοσιαλισμού προτείνει διοικητικές μεταρρυθμίσεις

et ces réformes administratives seraient fondées sur la pérennité de ces relations

Και αυτές οι διοικητικές μεταρρυθμίσεις θα βασίζονταν στη συνέχιση αυτών των σχέσεων

réformes qui n'affectent en rien les rapports entre le capital et le travail

μεταρρυθμίσεις, επομένως, που δεν επηρεάζουν σε καμία περίπτωση τις σχέσεις μεταξύ κεφαλαίου και εργασίας

au mieux, de telles réformes réduisent le coût et simplifient le travail administratif du gouvernement bourgeois

Στην καλύτερη περίπτωση, τέτοιες μεταρρυθμίσεις μειώνουν το κόστος και απλοποιούν το διοικητικό έργο της αστικής κυβέρνησης

Le socialisme bourgeois atteint une expression adéquate lorsque, et seulement lorsque, il devient une simple figure de style

Ο αστικός σοσιαλισμός αποκτά επαρκή έκφραση, όταν, και μόνο όταν, γίνεται ένα απλό σχήμα λόγου

Le libre-échange : au profit de la classe ouvrière

Ελεύθερο εμπόριο: προς όφελος της εργατικής τάξης

Les devoirs protecteurs : au profit de la classe ouvrière

Προστατευτικά καθήκοντα: προς όφελος της εργατικής τάξης

Réforme pénitentiaire : au profit de la classe ouvrière

Σωφρονιστική μεταρρύθμιση: προς όφελος της εργατικής τάξης

C'est le dernier mot et le seul mot sérieux du socialisme bourgeois

Αυτή είναι η τελευταία λέξη και η μόνη σοβαρά εννοούμενη λέξη του αστικού σοσιαλισμού

Elle se résume dans la phrase : la bourgeoisie est une bourgeoisie au profit de la classe ouvrière

Συνοψίζεται στη φράση: η αστική τάξη είναι αστική τάξη προς όφελος της εργατικής τάξης

3) Socialisme et communisme utopiques critiques
3) Κριτικός-ουτοπικός σοσιαλισμός και κομμουνισμός

Nous ne nous référons pas ici à la littérature qui a toujours donné la parole aux revendications du prolétariat

Δεν αναφερόμαστε εδώ σε εκείνη τη φιλολογία που πάντα εξέφραζε τα αιτήματα του προλεταριάτου

cela a été présent dans toutes les grandes révolutions modernes, comme les écrits de Babeuf et d'autres

Αυτό ήταν παρόν σε κάθε μεγάλη σύγχρονη επανάσταση, όπως τα γραπτά του Μπαμπέφ και άλλων

Les premières tentatives directes du prolétariat pour parvenir à ses propres fins échouèrent nécessairement

Οι πρώτες άμεσες προσπάθειες του προλεταριάτου να επιτύχει τους δικούς του σκοπούς αναγκαστικά απέτυχαν

Ces tentatives ont été faites dans des temps d'effervescence universelle, lorsque la société féodale était renversée

Αυτές οι προσπάθειες έγιναν σε περιόδους παγκόσμιου ενθουσιασμού, όταν ανατρεπόταν η φεουδαρχική κοινωνία

L'état alors peu développé du prolétariat a conduit à l'échec de ces tentatives

Η τότε υπανάπτυκτη κατάσταση του προλεταριάτου οδήγησε σε αυτές τις προσπάθειες να αποτύχουν

et ils ont échoué en raison de l'absence des conditions économiques pour son émancipation

και απέτυχαν λόγω της απουσίας των οικονομικών συνθηκών για τη χειραφέτησή του

conditions qui n'avaient pas encore été produites, et qui ne pouvaient être produites que par l'époque de la bourgeoisie

συνθήκες που δεν είχαν ακόμη παραχθεί και θα μπορούσαν να παραχθούν μόνο από την επικείμενη εποχή της αστικής τάξης

La littérature révolutionnaire qui accompagnait ces premiers mouvements du prolétariat avait nécessairement un caractère réactionnaire

Η επαναστατική φιλολογία που συνόδευε αυτά τα πρώτα κινήματα του προλεταριάτου είχε αναγκαστικά αντιδραστικό χαρακτήρα

Cette littérature inculquait l'ascétisme universel et le nivellement social dans sa forme la plus grossière

Αυτή η λογοτεχνία ενστάλαξε τον καθολικό ασκητισμό και την κοινωνική ισοπέδωση στην πιο ωμή μορφή της

Les systèmes socialistes et communistes, proprement dits, naissent au début de la période sous-développée

Τα σοσιαλιστικά και κομμουνιστικά συστήματα, όπως σωστά ονομάζονται, εμφανίζονται στην πρώιμη υπανάπτυκτη περίοδο

Saint-Simon, Fourier, Owen et d'autres, ont décrit la lutte entre le prolétariat et la bourgeoisie (voir section 1)

Ο Saint-Simon, ο Fourier, ο Owen και άλλοι, περιέγραψαν την πάλη μεταξύ προλεταριάτου και αστικής τάξης (βλ. Τμήμα 1)

Les fondateurs de ces systèmes voient, en effet, les antagonismes de classe

Οι ιδρυτές αυτών των συστημάτων βλέπουν, πράγματι, τους ταξικούς ανταγωνισμούς

Ils voient aussi l'action des éléments en décomposition, dans la forme dominante de la société

Βλέπουν επίσης τη δράση των αποσυντιθέμενων στοιχείων, στην επικρατούσα μορφή της κοινωνίας

Mais le prolétariat, encore à ses débuts, leur offre le spectacle d'une classe sans aucune initiative historique

Αλλά το προλεταριάτο, ακόμα στα σπάργανα, τους προσφέρει το θέαμα μιας τάξης χωρίς καμία ιστορική πρωτοβουλία

Ils voient le spectacle d'une classe sociale sans aucun mouvement politique indépendant

Βλέπουν το θέαμα μιας κοινωνικής τάξης χωρίς κανένα ανεξάρτητο πολιτικό κίνημα

Le développement de l'antagonisme de classe va de pair avec le développement de l'industrie

Η ανάπτυξη του ταξικού ανταγωνισμού συμβαδίζει με την ανάπτυξη της βιομηχανίας

La situation économique ne leur offre donc pas encore les conditions matérielles de l'émancipation du prolétariat

Έτσι, η οικονομική κατάσταση δεν τους προσφέρει ακόμα τις υλικές συνθήκες για τη χειραφέτηση του προλεταριάτου

Ils cherchent donc une nouvelle science sociale, de nouvelles lois sociales, qui doivent créer ces conditions

Αναζητούν, λοιπόν, μια νέα κοινωνική επιστήμη, νέους κοινωνικούς νόμους, που θα δημιουργήσουν αυτές τις συνθήκες

l'action historique, c'est céder à leur action inventive personnelle

Ιστορική δράση είναι να υποκύπτουν στην προσωπική τους εφευρετική δράση

Les conditions d'émancipation créées historiquement doivent céder la place à des conditions fantastiques

Οι ιστορικά δημιουργημένες συνθήκες χειραφέτησης πρέπει να υποκύπτουν σε φανταστικές συνθήκες

et l'organisation de classe graduelle et spontanée du prolétariat doit céder la place à l'organisation de la société

Και η βαθμιαία, αυθόρμητη ταξική οργάνωση του προλεταριάτου πρέπει να υποκύψει στην οργάνωση της κοινωνίας

l'organisation de la société spécialement conçue par ces inventeurs

Η οργάνωση της κοινωνίας ειδικά κατασκευασμένη από αυτούς τους εφευρέτες

L'histoire future se résout, à leurs yeux, dans la propagande et l'exécution pratique de leurs projets sociaux

Η μελλοντική ιστορία επιλύεται, στα μάτια τους, στην προπαγάνδα και την πρακτική εκτέλεση των κοινωνικών τους σχεδίων

Dans l'élaboration de leurs plans, ils ont conscience de s'occuper avant tout des intérêts de la classe ouvrière

Στη διαμόρφωση των σχεδίων τους έχουν συνείδηση ότι ενδιαφέρονται κυρίως για τα συμφέροντα της εργατικής τάξης

Ce n'est que du point de vue d'être la classe la plus souffrante que le prolétariat existe pour eux

Μόνο από την άποψη ότι είναι η τάξη που υποφέρει περισσότερο, υπάρχει γι' αυτούς το προλεταριάτο

L'état sous-développé de la lutte des classes et leur propre environnement informent leurs opinions

Η υπανάπτυκτη κατάσταση της ταξικής πάλης και το περιβάλλον τους διαμορφώνουν τις απόψεις τους

Les socialistes de ce genre se considèrent comme bien supérieurs à tous les antagonismes de classe

Οι σοσιαλιστές αυτού του είδους θεωρούν τους εαυτούς τους πολύ ανώτερους από όλους τους ταξικούς ανταγωνισμούς

Ils veulent améliorer la condition de tous les membres de la société, même celle des plus favorisés

Θέλουν να βελτιώσουν την κατάσταση κάθε μέλους της κοινωνίας, ακόμη και του πιο ευνοημένου

Par conséquent, ils s'adressent habituellement à la société dans son ensemble, sans distinction de classe

Ως εκ τούτου, συνήθως απευθύνονται στην κοινωνία στο σύνολό της, χωρίς διάκριση τάξης

Bien plus, ils font appel à la société dans son ensemble de préférence à la classe dirigeante

Όχι, απευθύνονται στην κοινωνία στο σύνολό της κατά προτίμηση στην άρχουσα τάξη

Pour eux, tout ce qu'il faut, c'est que les autres comprennent leur système

Για αυτούς, το μόνο που χρειάζεται είναι οι άλλοι να κατανοήσουν το σύστημά τους

Car comment les gens peuvent-ils ne pas voir que le meilleur plan possible est le meilleur état possible de la société ?

Γιατί πώς μπορούν οι άνθρωποι να μην βλέπουν ότι το καλύτερο δυνατό σχέδιο είναι για την καλύτερη δυνατή κατάσταση της κοινωνίας;

C'est pourquoi ils rejettent toute action politique, et surtout toute action révolutionnaire

Ως εκ τούτου, απορρίπτουν κάθε πολιτική, και ιδιαίτερα κάθε επαναστατική, δράση

ils veulent arriver à leurs fins par des moyens pacifiques

επιθυμούν να επιτύχουν τους σκοπούς τους με ειρηνικά μέσα·

ils s'efforcent, par de petites expériences, qui sont nécessairement vouées à l'échec

Προσπαθούν, με μικρά πειράματα, τα οποία είναι αναγκαστικά καταδικασμένα σε αποτυχία

et par la force de l'exemple, ils essaient d'ouvrir la voie au nouvel Évangile social

και με τη δύναμη του παραδείγματος προσπαθούν να ανοίξουν το δρόμο για το νέο κοινωνικό Ευαγγέλιο

De tels tableaux fantastiques de la société future, peints à une époque où le prolétariat est encore dans un état très sous-développé

Τέτοιες φανταστικές εικόνες της μελλοντικής κοινωνίας, ζωγραφισμένες σε μια εποχή που το προλεταριάτο είναι ακόμα σε μια πολύ υπανάπτυκτη κατάσταση

et il n'a encore qu'une conception fantasmatique de sa propre position

Και εξακολουθεί να έχει μόνο μια φανταστική αντίληψη της δικής της θέσης

Mais leurs premières aspirations instinctives correspondent aux aspirations du prolétariat

Αλλά οι πρώτοι ενστικτώδεις πόθοι τους αντιστοιχούν στους πόθους του προλεταριάτου

L'un et l'autre aspirent à une reconstruction générale de la société

Και οι δύο λαχταρούν μια γενική ανασυγκρότηση της κοινωνίας

Mais ces publications socialistes et communistes contiennent aussi un élément critique

Αλλά αυτές οι σοσιαλιστικές και κομμουνιστικές εκδόσεις περιέχουν επίσης ένα κρίσιμο στοιχείο

Ils s'attaquent à tous les principes de la société existante

Επιτίθενται σε κάθε αρχή της υπάρχουσας κοινωνίας

C'est pourquoi ils sont remplis des matériaux les plus précieux pour l'illumination de la classe ouvrière

Ως εκ τούτου, είναι γεμάτα από τα πιο πολύτιμα υλικά για τη διαφώτιση της εργατικής τάξης

Ils proposent l'abolition de la distinction entre la ville et la campagne, et la famille

Προτείνουν την κατάργηση της διάκρισης μεταξύ πόλης και υπαίθρου και οικογένειας

la suppression de l'exercice de l'industrie pour le compte des particuliers

την κατάργηση της βιομηχανικής δραστηριότητας για λογαριασμό ιδιωτών·

et l'abolition du salariat et la proclamation de l'harmonie sociale

και την κατάργηση του συστήματος της μισθωτής εργασίας και τη διακήρυξη της κοινωνικής αρμονίας

la transformation des fonctions de l'État en une simple surveillance de la production

τη μετατροπή των λειτουργιών του κράτους σε απλή εποπτεία της παραγωγής·

Toutes ces propositions ne pointent que vers la disparition des antagonismes de classe

Όλες αυτές οι προτάσεις, δείχνουν μόνο την εξαφάνιση των ταξικών ανταγωνισμών

Les antagonismes de classe ne faisaient alors que surgir

Οι ταξικοί ανταγωνισμοί, εκείνη την εποχή, μόλις εμφανίζονταν

Dans ces publications, ces antagonismes de classe ne sont reconnus que dans leurs formes les plus anciennes, indistinctes et indéfinies

Σε αυτές τις εκδόσεις αυτοί οι ταξικοί ανταγωνισμοί αναγνωρίζονται μόνο στις πρώτες, ασαφείς και απροσδιόριστες μορφές τους

Ces propositions ont donc un caractère purement utopique

Οι προτάσεις αυτές, επομένως, έχουν καθαρά ουτοπικό χαρακτήρα

La signification du socialisme et du communisme critiques-utopiques est en relation inverse avec le développement historique

Η σημασία του Κριτικού-Ουτοπικού Σοσιαλισμού και Κομμουνισμού έχει αντίστροφη σχέση με την ιστορική εξέλιξη

La lutte de classe moderne se développera et continuera à prendre une forme définitive

Η σύγχρονη ταξική πάλη θα αναπτυχθεί και θα συνεχίσει να παίρνει οριστική μορφή

Cette réputation fantastique du concours perdra toute valeur pratique

Αυτή η φανταστική στάση από το διαγωνισμό θα χάσει κάθε πρακτική αξία

Ces attaques fantastiques contre les antagonismes de classe perdront toute justification théorique

Αυτές οι φανταστικές επιθέσεις στους ταξικούς ανταγωνισμούς θα χάσουν κάθε θεωρητική αιτιολόγηση

Les initiateurs de ces systèmes étaient, à bien des égards, révolutionnaires

Οι δημιουργοί αυτών των συστημάτων ήταν, από πολλές απόψεις, επαναστάτες

Mais leurs disciples n'ont, dans tous les cas, formé que des sectes réactionnaires

Αλλά οι μαθητές τους, σε κάθε περίπτωση, έχουν σχηματίσει απλές αντιδραστικές αιρέσεις

Ils s'en tiennent fermement aux vues originales de leurs maîtres

Κρατούν σφιχτά τις αρχικές απόψεις των κυρίων τους

Mais ces vues s'opposent au développement historique progressif du prolétariat

Αλλά αυτές οι απόψεις βρίσκονται σε αντίθεση με την προοδευτική ιστορική ανάπτυξη του προλεταριάτου

Ils s'efforcent donc, et cela constamment, d'étouffer la lutte des classes

Προσπαθούν, λοιπόν, και αυτό με συνέπεια, να νεκρώσουν την ταξική πάλη

et ils s'efforcent constamment de concilier les antagonismes de classe

Και προσπαθούν με συνέπεια να συμβιβάσουν τους ταξικούς ανταγωνισμούς

Ils rêvent encore de la réalisation expérimentale de leurs utopies sociales

Εξακολουθούν να ονειρεύονται την πειραματική υλοποίηση των κοινωνικών τους Ουτοπιών

ils rêvent encore de fonder des « phalanstères » isolés et d'établir des « colonies d'origine »

εξακολουθούν να ονειρεύονται την ίδρυση απομονωμένων "φαλανστηρίων" και την ίδρυση "αποικιών στο σπίτι"

ils rêvent de mettre en place une « Petite Icarie » – éditions duodecimo de la Nouvelle Jérusalem

ονειρεύονται να δημιουργήσουν μια «Μικρή Ικαρία» – εκδόσεις duodecimo της Νέας Ιερουσαλήμ

Et ils rêvent de réaliser tous ces châteaux dans les airs

Και ονειρεύονται να πραγματοποιήσουν όλα αυτά τα κάστρα στον αέρα

Ils sont obligés de faire appel aux sentiments et aux bourses des bourgeois

Είναι αναγκασμένοι να απευθύνονται στα αισθήματα και τα πορτοφόλια των αστών

Peu à peu, ils s'enfoncent dans la catégorie des socialistes conservateurs réactionnaires décrits ci-dessus

Βαθμιαία βυθίζονται στην κατηγορία των αντιδραστικών συντηρητικών σοσιαλιστών που απεικονίζονται παραπάνω

ils ne diffèrent de ceux-ci que par une pédanterie plus systématique

Διαφέρουν από αυτά μόνο με πιο συστηματική σχολαστικότητα.

et ils diffèrent par leur croyance fanatique et superstitieuse aux effets miraculeux de leur science sociale

Και διαφέρουν από τη φανατική και δεισιδαιμονική πίστη τους στα θαυμαστά αποτελέσματα της κοινωνικής τους επιστήμης

Ils s'opposent donc violemment à toute action politique de la part de la classe ouvrière

Ως εκ τούτου, αντιτίθενται βίαια σε κάθε πολιτική δράση εκ μέρους της εργατικής τάξης

une telle action, selon eux, ne peut résulter que d'une incrédulité aveugle dans le nouvel Évangile

Μια τέτοια ενέργεια, σύμφωνα με αυτούς, μπορεί να προκύψει μόνο από τυφλή απιστία στο νέο Ευαγγέλιο

Les owénistes en Angleterre et les fouriéristes en France s'opposent respectivement aux chartistes et aux réformistes

Οι Owenites στην Αγγλία και οι Fourierists στη Γαλλία, αντίστοιχα, αντιτίθενται στους Χαρτιστές και τους "Réformistes"

Position des communistes par rapport aux divers partis d'opposition existants

Η θέση των κομμουνιστών σε σχέση με τα διάφορα υπάρχοντα κόμματα της αντιπολίτευσης

La section II a mis en évidence les relations des communistes avec les partis ouvriers existants

Το τμήμα II έχει καταστήσει σαφείς τις σχέσεις των κομμουνιστών με τα υπάρχοντα κόμματα της εργατικής τάξης

comme les chartistes en Angleterre et les réformateurs agraires en Amérique

όπως οι Χαρτιστές στην Αγγλία και οι Αγροτικοί Μεταρρυθμιστές στην Αμερική

Les communistes luttent pour la réalisation des objectifs immédiats

Οι κομμουνιστές παλεύουν για την επίτευξη των άμεσων στόχων

Ils luttent pour l'application des intérêts momentanés de la classe ouvrière

Αγωνίζονται για την επιβολή των στιγμιαίων συμφερόντων της εργατικής τάξης

Mais dans le mouvement politique d'aujourd'hui, ils représentent et s'occupent aussi de l'avenir de ce mouvement

Αλλά στο πολιτικό κίνημα του παρόντος, αντιπροσωπεύουν επίσης και φροντίζουν το μέλλον αυτού του κινήματος

En France, les communistes s'allient avec les social-démocrates

Στη Γαλλία οι κομμουνιστές συμμαχούν με τους σοσιαλδημοκράτες

et ils se positionnent contre la bourgeoisie conservatrice et radicale

και τοποθετούνται ενάντια στη συντηρητική και ριζοσπαστική αστική τάξη

cependant, ils se réservent le droit d'adopter une position
critique à l'égard des phrases et des illusions
traditionnellement héritées de la grande Révolution

Ωστόσο, διατηρούν το δικαίωμα να πάρουν μια κριτική
θέση σχετικά με φράσεις και αυταπάτες που παραδοσιακά
παραδόθηκαν από τη μεγάλη Επανάσταση

En Suisse, ils soutiennent les radicaux, sans perdre de vue
que ce parti est composé d'éléments antagonistes

Στην Ελβετία υποστηρίζουν τους ριζοσπάστες, χωρίς να
παραβλέπουν το γεγονός ότι αυτό το κόμμα αποτελείται
από ανταγωνιστικά στοιχεία

en partie des socialistes démocrates, au sens français du
terme, en partie de la bourgeoisie radicale

εν μέρει των δημοκρατών σοσιαλιστών, με τη γαλλική
έννοια, εν μέρει της ριζοσπαστικής αστικής τάξης

En Pologne, ils soutiennent le parti qui insiste sur la
révolution agraire comme condition première de
l'émancipation nationale

Στην Πολωνία υποστηρίζουν το κόμμα που επιμένει σε μια
αγροτική επανάσταση ως πρωταρχική προϋπόθεση για την
εθνική χειραφέτηση

ce parti qui fomenta l'insurrection de Cracovie en 1846

το κόμμα που υποκίνησε την εξέγερση της Κρακοβίας το
1846

En Allemagne, ils luttent avec la bourgeoisie chaque fois
qu'elle agit de manière révolutionnaire

Στη Γερμανία παλεύουν με την αστική τάξη όποτε αυτή
δρα με επαναστατικό τρόπο

contre la monarchie absolue, l'escroc féodal et la petite
bourgeoisie

ενάντια στην απόλυτη μοναρχία, τη φεουδαρχική σκίουρο
και τη μικροαστική τάξη

Mais ils ne cessent jamais, un seul instant, inculquer à la
classe ouvrière une idée particulière

Αλλά ποτέ δεν σταματούν, ούτε για μια στιγμή, να
ενσταλάξουν στην εργατική τάξη μια συγκεκριμένη ιδέα

la reconnaissance la plus claire possible de l'antagonisme hostile entre la bourgeoisie et le prolétariat

την σαφέστερη δυνατή αναγνώριση του εχθρικού ανταγωνισμού ανάμεσα στην αστική τάξη και το προλεταριάτο

afin que les ouvriers allemands puissent immédiatement utiliser les armes dont ils disposent

έτσι ώστε οι γερμανοί εργάτες να μπορούν να χρησιμοποιήσουν αμέσως τα όπλα που έχουν στη διάθεσή τους

les conditions sociales et politiques que la bourgeoisie doit nécessairement introduire en même temps que sa suprématie

τις κοινωνικές και πολιτικές συνθήκες που πρέπει αναγκαστικά να εισαγάγει η αστική τάξη μαζί με την υπεροχή της

la chute des classes réactionnaires en Allemagne est inévitable

Η πτώση των αντιδραστικών τάξεων στη Γερμανία είναι αναπόφευκτη

et alors la lutte contre la bourgeoisie elle-même peut commencer immédiatement

Και τότε μπορεί να αρχίσει αμέσως ο αγώνας ενάντια στην ίδια την αστική τάξη

Les communistes tournent leur attention principalement vers l'Allemagne, parce que ce pays est à la veille d'une révolution bourgeoise

Οι κομμουνιστές στρέφουν την προσοχή τους κυρίως στη Γερμανία, γιατί αυτή η χώρα βρίσκεται στις παραμονές μιας αστικής επανάστασης

une révolution qui ne manquera pas de s'accomplir dans des conditions plus avancées de la civilisation européenne

μια επανάσταση που είναι βέβαιο ότι θα πραγματοποιηθεί κάτω από πιο προηγμένες συνθήκες του ευρωπαϊκού πολιτισμού

Et elle ne manquera pas de se faire avec un prolétariat
beaucoup plus développé

Και είναι βέβαιο ότι θα πραγματοποιηθεί με ένα πολύ πιο
αναπτυγμένο προλεταριάτο

un prolétariat plus avancé que celui de l'Angleterre au XVIIe
siècle, et celui de la France au XVIIIe siècle

Ένα προλεταριάτο πιο προηγμένο από εκείνο της Αγγλίας
ήταν τον δέκατο έβδομο και της Γαλλίας τον δέκατο όγδοο
αιώνα

et parce que la révolution bourgeoise en Allemagne ne sera
que le prélude d'une révolution prolétarienne qui suivra
immédiatement

και επειδή η αστική επανάσταση στη Γερμανία δεν θα είναι
παρά το προοίμιο μιας αμέσως επόμενης προλεταριακής
επανάστασης

Bref, partout les communistes soutiennent tout mouvement
révolutionnaire contre l'ordre social et politique existant

Εν ολίγοις, οι κομμουνιστές παντού υποστηρίζουν κάθε
επαναστατικό κίνημα ενάντια στην υπάρχουσα κοινωνική
και πολιτική τάξη πραγμάτων

Dans tous ces mouvements, ils mettent au premier plan,
comme la question maîtresse de chacun d'eux, la question de
la propriété

Σε όλα αυτά τα κινήματα φέρνουν στο προσκήνιο, ως το
κύριο ζήτημα σε κάθε ένα, το ζήτημα της ιδιοκτησίας

quel que soit son degré de développement dans ce pays à ce
moment-là

ανεξάρτητα από το βαθμό ανάπτυξής της στη χώρα αυτή
τη στιγμή

Enfin, ils œuvrent partout pour l'union et l'accord des partis
démocratiques de tous les pays

Τέλος, εργάζονται παντού για την ένωση και τη συμφωνία
των δημοκρατικών κομμάτων όλων των χωρών

Les communistes dédaignent de dissimuler leurs vues et
leurs objectifs

Οι κομμουνιστές περιφρονούν να κρύψουν τις απόψεις και τους στόχους τους

Ils déclarent ouvertement que leurs fins ne peuvent être atteintes que par le renversement par la force de toutes les conditions sociales existantes

Δηλώνουν ανοιχτά ότι οι σκοποί τους μπορούν να επιτευχθούν μόνο με τη βίαιη ανατροπή όλων των υφιστάμενων κοινωνικών συνθηκών

Que les classes dirigeantes tremblent devant une révolution communiste

Ας τρέμουν οι άρχουσες τάξεις μπροστά σε μια κομμουνιστική επανάσταση

Les prolétaires n'ont rien d'autre à perdre que leurs chaînes

Οι προλετάριοι δεν έχουν τίποτα να χάσουν εκτός από τις αλυσίδες τους

Ils ont un monde à gagner

Έχουν έναν κόσμο να κερδίσουν

TRAVAILLEURS DE TOUS LES PAYS, UNISSEZ-VOUS !

ΕΡΓΑΖΟΜΕΝΟΙ ΌΛΩΝ ΤΩΝ ΧΩΡΩΝ, ΕΝΩΘΕΙΤΕ!

www.ingramcontent.com/pod-product-compliance
Lightning Source LLC
Chambersburg PA
CBHW011735020426
42333CB00024B/2902